国語授業が変わる！

新教材の発問大事典

東京学芸大学附属世田谷小学校
髙橋達哉 編著

明治図書

はじめに

本書は、国語科、読むことの発問のパターン集です。

第1章では、68の発問パターンを紹介しています。

第2・3章では、令和6年度から国語教科書に掲載されている21の新教材を取り上げ、第1章で紹介した発問パターンの活用例を提案しています。

前作『国語授業が変わる！発問大事典』と同様、単なる発問をかき集めたパターン集にはならないよう、本書の執筆に際しては、次の三点を意識しました。

まず、第一に、「特に汎用性が高いと考えられる発問」を紹介することです。

本書で紹介している68の発問パターンは、さまざまな教材で活用することができるものです。新教材はもちろん、さまざまな教材の教材研究や授業構想をする際に、「この教材でも、この発問が使えるかも…」と、目の前の子どもたちにぴったりの発問を閃く一助となるはずです（この発問パターンは、前作で紹介した内容を新教材に合わせて一部改訂しています）。

第二に、「授業を活性化する発問」を紹介することです。

国語授業の活性化を促すのは、「面白そう」「考えてみたい」と「個々」の子どもたちの「読みへの意欲」を引き出す発問です。そして、「私はAと考える」「僕はBだと思う」というような「集団」の「読みの多様さ」を生み出す発問です。

楽しい授業、盛り上がる授業、多様な個性が光る授業をつくっていくための発問アイデアを、ぜひご活用ください。

第三に、「指導内容を明確にする」ことです。

本書では、取り上げている各教材で扱うべき指導内容、とりわけ「教科内容（国語科ならではの指導内容）」を整理し、発問とセットで提案するようにしました。

「発問のバリエーション」を知ることにとどまらず、国語授業において、どのようなことを教科内容として扱っていけばいいのか、つまり「国語科の教科内容」を考える上で、参考にしていただける一冊になっていると考えています。

国語授業は、指導内容が明確に位置付くことで、より「本質的な国語授業」に「変わる」のです。

本書が、お読みいただいた先生方のお役に、少しでも立つことができれば幸いです。

最後に、国語教育の師匠である長崎伸仁先生、国語授業の師匠である桂聖先生をはじめ、お世話になっている先生方に心から感謝を申し上げます。皆様のおかげで、今の私があります。ありがとうございました。

二〇二四年八月

編著者　髙橋達哉

目次 CONTENTS

第2章　文学の発問事典

第3章 説明文の発問事典

本書の構成・表記について

◆第1章について

国語科「読むこと」の授業で活用することができる発問の中から、特に汎用性が高いと考えられるものを紹介しています。

【表記の解説】

○発問の分類・整理

本書では、「どんな場面で用いる発問か（発問の使用場面）」という観点から、発問を次の三つに分類・整理をしています。

・確認する場面の発問

全員の理解を揃えるために、内容等を確認することが中心となる場面で使用する発問です。

・広げる場面の発問

さまざまな立場の意見や、多様な考えを伝え合うことが中心となる場面で使用する発問です。

・深める場面の発問

ねらいとして定めている指導内容への気付きや着目を促す場面で使用する発問です。

○関連指導内容

その発問によって、指導できると考えられる内容を示しています。内は「教材内容（内容理解）」を表し、教は「教科内容」を表しています。

○関連教材

その発問が活用可能な教材を示しています。多くの場合は、第2・3章で具体例も紹介しています。

◆第2・3章について

文学・説明文の新教材を取り上げ、第1章で紹介した発問の活用例を紹介しています。

【表記の解説】

○主な指導内容

当該教材で設定することができる指導内容を整理しています。教材内容は◎、前の教材までに既出の教科内容は◆、初出の教科内容は◇で示しています。

○重点をおく指導内容

特に重視する指導内容について解説しています。

一番○○なものは？（文学）

広げる場面の発問・文学

学習者の多様性を生かし、さまざまな考えや感じ方を引き出したり、複数の叙述や表現について、着目や比較・検討を促したりしたい場合に、非常に有効な発問である。

登場人物、場面、段落、文、言葉、会話、情景、行動など、複数あるものを取り上げる。主な目的は、比較・検討を通して内容理解を促すことで、一番を決めることではない。

関連指導内容

指導内容全般

関連教材

文学教材全般

① 一番いいなと思った（心に残った）場面は？

話の流れや内容の大体の理解を促す発問。単元の導入で活用。挿絵を掲示するとよい。

② 一番プラス（マイナス）の場面は？

物語の全体構造を捉えるのに有効な発問。大まかな心情の変化や山場の確認ができる。

③ 一番大事な文（挿絵）は？

内容理解や心情解釈にとって鍵となる文（挿絵）を確認するための発問。作品の設定の確認にも。

④ 特に気持ち（様子・性格）が分かる文は？

心情や人物像が分かる複数の叙述、特に、未習の表現など見落としやすいものがある場合に有効。

⑤ あらすじに特に必要だと思う言葉は？

あらすじに取り入れるべき内容を話し合うための発問。意見を抽象化して整理する。

⑥ 特に関係が深い場面は？

場面相互のつながりを整理するための発問。

＊「特に○○な場面は？」のバリエーション

⑦ 特に重要な人物は？

人物（視点人物以外）の重要度を問う発問。

＊「特に○○な人物は？」のバリエーション

⑧ 特に深く考えてみたい会話文は？

会話文に込められた思いに目を向ける発問。

＊「特に○○な会話文は？」のバリエーション

⑨ 特に気になった表現は？

作品の表現を抽出して話し合うための発問。

＊「特に○○な表現は？」のバリエーション

別の表現だとしたら？

深める場面の発問・文学

指導のねらいとする表現技法を発見するような授業展開や、表現技法にはどのような効果があるのかへの気付きを促す際に、非常に有効な発問である。

「本来の表現のよさを掻き消すような表現」や、「本来の表現とは真逆の表現」を提示し、本来の表現との比較・検討を通して、本来の表現のよさ・効果の発見を促す。

関連指導内容

内 人物の心情
教 心情を読み取る方法

関連教材

・特徴的な情景描写や会話文、行動描写を有する文学教材

⑩ 別の景色の表現だったとしたら？

景色の表現で間接的に表されている心情の解釈を促す発問。場面に合わない景色を仮定する。

⑪ 別の会話文だとしたら？

会話文の裏側にある思いや心情の解釈を促す発問。思いや心情に合わない会話文を仮定する。

⑫ 別の行動描写だとしたら？

特殊な行動の意味の解釈を促す目的の発問。一般的な（通常考えられる）行動を仮定する。

⑬ 会話文・心内語があるとしたら？

広げる場面の発問・文学

人物の心情が書かれていない場面（空所など）がある場合、会話文や心内語を考えることで、心情の理解を促すことができる。

学習者が自由に考える場合はもちろん、教師が考えたものを、仮定的に提示する場合も考えられる。入門期では、自由な発想を大切にしながらも、叙述や挿絵をもとに想像することを指導したい。

関連指導内容

内 人物の心情
教 空所の解釈の方法

関連教材

・やくそく
・くじらぐも
・たぬきの　糸車
・春風をたどって
・友情のかべ新聞
・スワンレイクのほとりで

⑭ 気持ちが書かれているとしたら？

広げる場面の発問・文学

人物の心情が書かれていない空所となっている場面において、仮に気持ちが書かれているとしたら、どのような叙述になるかを考えることを促す発問である。

当該場面の周辺の叙述はもちろん、他の場面における叙述を根拠にしたり、読み手自身の経験を根拠にしたりするなど、多様な解釈の方法があることを確認したい。

関連指導内容

内 人物の心情
教 空所の解釈の方法

関連教材

・みきのたからもの
・銀色の裏地
・ぼくのブック・ウーマン
・海の命

⑮ 続きがあったとしたら？

広げる場面の発問・文学

仮に作品に続きがあったら、どのような内容になるかと考えることを促す発問。

人物の変化（心情・考え方）が見られる作品において、人物がどのように変化したのかを確認・整理するのに有効。続きの話を考えることは、変化後の人物の姿を想像することになるからである。

関連指導内容

内 心情の変化
内 見方の変化
内 関係性の変化

関連教材

文学教材全般

⑯ 読者としては？　登場人物だったら？

広げる場面の発問・文学

作品における出来事や人物の行動などについて、読者としての客観的な考えを問う発問と、登場人物に同化して考えることを促す発問である。

読者と登場人物との間に情報量（知っていること）の違いがある場合や、読み手のもつ一般的な感覚と、登場人物の行動とに乖離がある場合などに用いる。

関連指導内容

内 作品の設定
内 人物の心情

関連教材

・みきのたからもの
・モチモチの木
・ごんぎつね
・大造じいさんとガン
・ぼくのブック・ウーマン
・海の命

⑰ 直接的に書いてあった方がいいのでは？

深める場面の発問・文学・説明文

間接的な表現を取り上げ、直接的に表現されていた方がよいのではないかとゆさぶる発問である。

文学作品では、心情が情景や行動で表されていたり、仄めかすような表現がされていたりする場合がある。直接的な場合との比較を促すことで、間接的に表現するよさや効果を考えられるようにするねらいがある。

関連指導内容

教 情景描写
教 間接的表現
教 暗示的表現

関連教材

・白いぼうし
・ごんぎつね
・銀色の裏地
・たずねびと
・想像力のスイッチを入れよう
・大造じいさんとガン
・海の命

⑱ 普通は、○○だよね？

広げる場面の発問・文学

一般的な在り方を引き合いに出して、それとの比較を通して、作品中の表現や出来事についての解釈を促す発問である。

文学作品においては、心情と結び付くことで、現実世界とは異なる特殊な色彩の表現がされていたり、人物が違和感のある行動をとったりすることがある。普通と比べることで、特殊さの意味に迫るねらいがある。

関連指導内容

内 行動の理由
内 空所の解釈
教 情景描写
教 色彩表現

関連教材

・お手紙
・ごんぎつね
・スワンレイクのほとりで
・おにぎり石の伝説
・大造じいさんとガン
・模型のまち

⑲ 統一した方がいいですよね？

深める場面の発問・文学

ある人物の呼び方が複数種類ある場合に、誰のことかが分かりやすいように統一しようと提案する、否定が前提の発問である。

その人物に対する見方の変化によって、呼称表現が変化している場合や、その人物を呼ぶときの心情の違いが、呼び方に変化をもたらしている場合など、呼び方の違いが起こる理由の解釈を促すのがねらい。

関連指導内容

内 人物の心情
内 見方の変化
教 呼称表現と心情

関連教材

・くじらぐも
・モチモチの木
・ごんぎつね
・大造じいさんとガン

⑳ 変なお話（不思議な○○）ですね

広げる場面の発問・文学

現実では起こり得ないことや、比喩的な表現に対して、あえて教師が「変ですね」「不思議ですね」と伝えることで、子どもから適切な読みを引き出すことができる。

例えば、入門期では、「動物が話すなんて、不思議ですね」と投げかけると、物語なんだから当たり前だ、という反論が期待でき、虚構を表現する文学の特質が確認できる。

関連指導内容

教 基礎事項
教 比喩表現

関連教材

・はなの　みち
・スイミー
・みきのたからもの
・まいごのかぎ

㉑ 性格があまりよくないよね

深める場面の発問・文学

人物の適切な人物像や、行動の理由などについての解釈を引き出すための発問。

実際には性格とは関係のない行動描写を取り上げて、あえてこのように発問することで、反論を促すねらいがある。通常は、「どんな性格?」「どうして〇〇したの?」と人物像や行動の理由を直接問うが、本発問は間接的にねらいに迫るものである。

関連指導内容

内 人物像
内 行動の理由
内 作品の設定

関連教材

・白いぼうし
・一つの花
・友情のかべ新聞
・銀色の裏地

㉒ どちらが本当の〇〇なの?

広げる場面の発問・文学

文学作品では、一人の人物に対する複数の異なる(時には、矛盾した)人物像が表現される場合がある。

その人物自身が変化した場合はもちろん、その人物に対する視点人物の見方が変化した場合や、複数の視点からその人物のことを表している場合などがあることを整理することをねらいとした発問。

関連指導内容

内 人物像の変化
内 心情の変化
教 人物像と視点

関連教材

・モチモチの木
・帰り道

㉓ 仮に○○説が正しいとすると？

広げる場面の発問・文学

はっきりと明示されていないことについて、ある説が正しいと仮定した場合、どの叙述が根拠になり得るかを考えることを促す発問である。

作品に対する学習者の読みをもとにして仮説を立てる場合と、一般的な解釈や文学研究者の考えを取り上げて、「こんな説もあるのですが…」と提示する場合とがある。

関連指導内容

- 教 仄めかす表現
- 教 暗示的な表現
- 教 独特の表現

関連教材

- ・白いぼうし
- ・ごんぎつね
- ・モチモチの木
- ・友情のかべ新聞
- ・帰り道
- ・やまなし

㉔ 書かれている通りですよね？

広げる場面の発問・文学

描写されている行動と、その時の人物の内面（心情や思い）とが一致していないことへの気付きを促すための発問である。

実際の生活でもそうだが、人の行動は、必ずしも内面と一致しないことがある。文学作品においても同様で、本当は悲しいのに、それを人に分からないように振る舞う姿が描かれていることがある。

関連指導内容

- 教 人物の心情
- 内 行動描写と心情との関係

関連教材

- ・モチモチの木
- ・一つの花
- ・友情のかべ新聞
- ・おにぎり石の伝説

25 プラス？　マイナス？

広げる場面の発問・文学

プラスの心情・マイナスの心情の両方が読み取れる場合や、どちらかの判断が難しい場合などに、有効な発問である。複数の叙述をもとにした心情の解釈を促すことができる。

人物が複雑な思いを抱えている場合や、人物の心情がプラスの言葉で表現されている一方で、その人物の様子を見ている読者はマイナスの場面だと感じるという場合もある。

―関連指導内容―

内 人物の心情
教 立場による感じ方の違い

―関連教材―

・スーホの白い馬
・ちいちゃんのかげおくり
・モチモチの木
・一つの花

26 見たものは？　聞いた音は？

広げる場面の発問・文学

人物になりきって、その場にいると考えたときに、見えるものや聞こえる音を想像することを促す発問である。

叙述をもとにしながらも、直接的には作品中に書かれていない「光景（見えるもの）」や「音」をイメージすることで、人物の心情を、より実感的に理解することができる。

―関連指導内容―

内 人物の心情
内 場面の様子

―関連教材―

・ちいちゃんのかげおくり
・ごんぎつね
・海の命

㉗ 何日間・何年間のお話ですか？

確認する場面・広げる場面の発問・文学

「いつ」「どこで」「誰が」「何をした」といった作品の基本的な設定を整理するための発問である。
通常は、「季節はいつですか？」「この場面には、誰が出てきますか？」「何が起こりましたか？」のような細かな発問で確認するが、何日間・何年間の出来事かを話し合う中で、基本的な設定を網羅的に整理できる。

関連指導内容

内 作品の設定
内 登場人物

関連教材

・お手紙
・ごんぎつね
・友情のかべ新聞
・大造じいさんとガン
・模型のまち
・海の命

㉘ いくつ（何人）ですか？

確認する場面・広げる場面の発問・文学・説明文

文学作品に登場する人やもの、出来事、説明文における事例の数などを問う発問。学習者によって、数え方に違いが出るだろうと考えられる場合に、特に有効である。
例えば、登場人物に数えるべきかどうかが微妙な人物がいる場合に、登場人物は何人いるかと問うことが考えられる。その場合、登場人物の定義を確認することにつながる。

関連指導内容

内 登場人物
教 登場人物の定義
内 事例

関連教材

・やくそく
・たぬきの糸車
・たんぽぽのちえ
・まいごのかぎ
・ちいちゃんのかげおくり
・言葉の意味が分かること
・たずねびと
・時計の時間と心の時間

29 誰の会話文？　誰の人物像？

確認する場面の発問・文学

会話文や人物像の表現が、どの人物のものか確認したり、解釈したりするための発問。

会話文については、入門期は確認が中心。「〜が言いました」という表現が省略されている場合があるため、丁寧に確認する。一方で、高学年では、周辺の叙述や人物像を根拠に、発話の主体を解釈することを促す発問となる。人物像は、どの学年も確認が中心。

―関連指導内容―

内 会話文
内 人物像

―関連教材―

・やくそく
・くじらぐも
・お手紙
・帰り道
・やまなし

30 不思議な世界の入口と出口は？

広げる場面の発問・文学

ファンタジー作品における、不思議な世界（非現実）への入口と出口を問う発問である。

入口と出口については、さまざまなバリエーションがある。例えば、「まいごのかぎ」では、あるアイテムを手にした場面が入口となるが、入口がはっきりとせず、いつの間にか異世界に入っているという作品もある。

―関連指導内容―

教 ファンタジー作品の構造
教 入口と出口のバリエーション

―関連教材―

・みきのたからもの
・まいごのかぎ
・白いぼうし

㉛ 何型の物語ですか？

広げる場面の発問・文学

作品の全体構造について考えることを促す発問である。

基本的な作品の構造として、ハッピーエンド型、アンハッピーエンド型がある。さらに、それを細分化して考えると、ハッピーエンドだがマイナスの心情も残っている場合や、アンハッピーエンドだが前向きな心情も感じられる場合がある。

―関連指導内容―

内 人物の心情
教 物語の作品構造

―関連教材―

文学教材全般

㉜ 組み合わせは？

深める場面の発問・文学

作品中の表現について、適切な組み合わせを考えることを促す発問。

例えば、組み合わせをバラバラにして提示し、正しく元通りにすることを求める場合や、二つ以上の場面を比べ、対比的に描かれている事物や表現の組み合わせを考えるように伝える場合などがある。

―関連指導内容―

教 比喩表現
教 対比

―関連教材―

・スイミー
・春風をたどって
・一つの花
・やまなし

33 今までに学習した文章との共通点は？

確認する場面・広げる場面の発問・文学・説明文

既習の教材と共通する点があるか、既習の教材で学んだことの中で活用ができそうなことがあるかを確認するための発問である。

単元の導入時に取り入れ、既習事項との関連を整理することが重要。説明文の場合は、さまざまな事項を確認できるが、文学の場合は、比喩表現や情景描写などの表現技法が共通点として確認しやすい。

―関連指導内容―

指導内容全般

―関連教材―

教材全般

34 今までに学習した文章にない新発見は？

確認する場面・広げる場面の発問・文学・説明文

これまでに学んだこととの「ずれ」があることや、新しく見出した表現上の工夫などについて、確認するための発問である。

例えば、説明文では、問いと答えがない文章との出会いが、問いがない文章もあるのかという新たな発見になる。文学では、会話文だけでなく、心内語もかぎで表すということへの気付きなどが考えられる。

―関連指導内容―

指導内容全般

―関連教材―

教材全般

一番○○なものは？（説明文）

広げる場面の発問・説明文

文学同様、説明文でも、話し合いを活性化し、内容理解を促すのに非常に有効な発問。事例、段落、資料など、文章中に複数あるものから、一つを選択することを求める。

多様な考えを引き出すためには、学習者の選択に「ずれ」が出るような○○を設定することが肝要。「ずれ」があることで、考えの比較・検討が自然に促される。

関連指導内容

指導内容全般

関連材料

説明文教材全般

35 一番いいな（すごいな）と思った事例は？

「いいな」「すごいな」という抽象度の高い問い方は、多様な考えを引き出すのに有効。

36 一番大事な文（段落・資料）は？

重要度という観点での比較を促し、考えを伝え合うことで、内容理解の促進を図る発問。

37 一番たくさん出てくる言葉は？

要約や要旨をまとめる学習での発問。何度も出てくる言葉が重要であることを確認する。

38 特に驚いたこと、初めて知ったことは？

多様な意見を交流し、説明内容の大体の理解を促すための発問。単元の導入で活用する。

39 特にいいな（なるほどな）と思った文は？

まとめの段落の内容理解を促す際に活用。意外にも選ぶ文には「ずれ」が出ることが多い。

40 特に「まとめているな」と思う文は？

結論部において、本論部の内容がどのように抽象化されているかを整理するための発問。

41 特に説明が上手だと思う文は？

読み手に配慮した表現や、読み手を引き込む表現の工夫などへの着目を促すための発問。

42 特に難しいと感じる段落は？

高学年教材は、抽象的で難しくなる。率直に難しさを問い、難解な箇所の共有を図る発問。

43 特にどの文にかかっていますか？

結論部で抽象的にまとめられていることが、本論部のどの叙述と関連するかを問う発問。

○○は必要ないのでは？

深める場面の発問・説明文

必要があるものに対して、あえて必要性を疑問視するような問いかけをする発問。学習者からの否定を前提としている。

教師への反論をする中で、自然と、筆者が取り入れている表現方法にどのようなよさや効果があるか考えたり、筆者の表現意図を解釈したりすることができる。指導内容に、間接的に迫る発問の一例。

関連指導内容

内 筆者の意図
教 説明の方法
教 表現の効果

関連材料

説明文教材全般

44 問いの文は必要ないのでは？

すぐに「答え」が示されることを理由に、「問い」の必要性を問う発問。小さな問いにも。

45 問いと答え以外の文は必要ないのでは？

「問い」と「答え」以外の部分の内容を確認したり、機能を捉えたりすることを促す発問。

46 本文にない情報は資料にいらないのでは？

資料と本文との対応関係や、情報を補うという資料の機能を確認するための発問。

㊼ 事実や具体例がなかったとしたら？

事実や具体例を示すことの効果を確認する発問。ない場合を仮定して比較・検討を促す。

㊽ ある段落（事例・場面）がなかったら？

その段落や事例が果たす役割について考えることを促す発問。文学の場合は場面の役割。

㊾ 一つあれば十分なのでは？

双括型の文章において、考えを繰り返すことの効果を問う発問。文学では繰り返し表現の効果。

㊿ 作者・筆者のねらい（気持ち）は？

深める場面の発問・文学・説明文

作者や筆者の表現の意図を直接的に問う発問である。最初から直接問うのではなく、まずは仮定的に問うなどしてから、最終的にこのように問うことが望ましい。

「なぜ筆者は…」と理由を問うのは高度であるため、些細な違いだが「筆者にはどんなねらいが…」という言い回しをしている。「気持ち」という表現は入門期に最適である。

—関連指導内容—

内 筆者の意図
教 説明の方法
教 表現の効果

—関連教材—

教材全般

別の○○の方がいいのでは？

深める場面の発問・説明文

本来の表現や説明のよさへの気付きを促すために、あえて別の場合を仮定する発問である。別の場合が示されることによって、それが比較対象となり、本来の表現の効果や筆者の表現意図が考えやすくなると言える。

文学と同様、本来の表現のよさが掻き消されるような内容を提示することで、本来の表現や説明のよさを際立たせることができる。

関連指導内容

内 筆者の意図
教 説明の方法
教 表現の効果

関連材料

説明文教材全般

51 別の題名の方がいいのでは？

筆者がどのような意図で題名を決めたかについて、解釈を促すための発問。

52 事例の順序を入れ替えた方がいいのでは？

事例の順序性における筆者の意図の解釈を促す発問。唐突な提案にならないようにする。

53 説明の順序を入れ替えた方がいいのでは？

本来の説明の順序に、どのようなよさがあるのかを整理することが目的の発問。

54 説明を分けた方がいいのでは？

複数の事柄が、同一段落で説明されていることのよさについて、考えることを促す発問。

55 仲間分けを変えた方がいいのでは？

筆者がどのように事例を分類しているかに目を向ける発問。別の分類方法を提示する。

56 知られている言葉の方がいいのでは？

特殊な言葉を用いることのよさに目を向ける発問。一般的な言葉を比較対象として提示する。

57 筆者がこのように言っているのですが…

深める場面の発問・説明文

筆者の言葉を仮定し、その言葉の続きを考えるように求めることで、文章の構造の理解や、筆者の意図の解釈を促そうとする発問である。

「筆者はなぜ…」と直接的に問うよりも、筆者の言葉の続きを考えるという活動にすることで、考える方向性がある程度明確になるため、学習者が考えやすくなる。

関連指導内容

- 内 事例の順序
- 教 意図的な事例の配列
- 教 資料の役割

関連教材

- ・ロボット
- ・こまを楽しむ
- ・固有種が教えてくれること

○○を加えたとしたら？

深める場面の発問・説明文

実際の文章にはないものを仮定することで、文章の構造や筆者の意図に迫ることを目的とした発問。

必要のないものを加えることを提案し、反論を引き出して指導内容に迫る場合と、仮に加えるとしたらどんな問題が起こるかを整理する中で、ねらいとする事項の発見が促される場合とがある。

関連指導内容

内 筆者の意図
教 説明の方法
教 表現の効果

関連材料

説明文教材全般

58 問いがあったとしたら？

加えない方がよい理由や、加える場合の適切な問いの文言についての検討を促す発問。

59 説明を加えたとしたら？

加えるべきか否か議論したり、加えるとしたときに問題となる事項を話し合ったりする。

60 事例を加えたとしたら？

筆者が事例を選ぶ際の意図や基準（紹介されている事例の共通点）を解釈する目的の発問。

61 どういうこと？　〇〇ということかな？

確認する場面の発問・説明文

　教師があえて理解できていないように振る舞うことで、学習者に説明を促し、内容の確実な理解と共有化を図るねらいがある。
　つまずきや誤読が想定されたり、分かっているようで分かっていない状態が予想されたりする場合に取り入れたい発問。〇〇の部分には、明らかに間違った読みを入れることで、学習者の関心を引きつつ、雰囲気も和ませることができる。

関連指導内容

内 事例の内容
内 比喩的な説明内容

関連教材

説明文教材全般

62 本当にそう言えますか？

確認する場面の発問・説明文

　説明されている内容を鵜呑みにするのではなく、読者として、改めて内容の適切性を考えることを促す発問である。
　文章の中で当然のこととして語られていることがある場合や、学習者が実感を伴って理解することが難しい内容がある場合などに、取り入れたい発問。一度立ち止まって、理解を揃えることが大切である。

関連指導内容

内 事例の内容
内 筆者の考え

関連教材

・未来につなぐ工芸品
・言葉の意味が分かること
・想像力のスイッチを入れよう
・時計の時間と心の時間

63 分類できますか?

広げる場面の発問・説明文

教材文中の言葉や文、事例などを、ある観点から分類することを通して、説明内容についての確認や理解を促すための発問である。

例えば、紹介されている事例や資料を内容的な違いからいくつかのグループに分けたり、書かれている内容を「事実」と「意見」とに分けたりすることが考えられる。

関連指導内容

- 内 事例の内容
- 内 資料の内容
- 教 事実と意見の見分け方

関連教材

- ・どうぶつの　赤ちゃん
- ・固有種が教えてくれること
- ・インターネットは冒険だ
- ・時計の時間と心の時間
- ・『鳥獣戯画』を読む

64 どんな色分けかな?

広げる場面の発問・文学・説明文

あらかじめ色分けをしておいたセンテンスカードを提示して、その色分けの意図について考えることを促す発問である。

文学、説明文ともに、文章を構成する要素を指導する入門期において、特に有効な手立てである。文学で会話文と行動描写を色分けして示したり、説明文であれば、問いと答えとの対応関係を示したりすることができる。

関連指導内容

- 教 会話文・行動描写
- 教 問い・答え
- 教 原因と結果
- 教 事実と意見

関連教材

教材全般

65 どちらでしょうか？

深める場面の発問・文学・説明文

学習者相互の考えの「ずれ」や、立場の違いが生まれた場合に、どの考えが適切なのかについて話し合うことを促す発問である。

例えば、「問い」の「答え」を明確に決めるのが難しい文章の場合、「答え」としてノートに書いた箇所が、学習者によって異なってしまう場合がある。一方が正解で、もう一方は不正解とならない状況下で活用する。

関連指導内容

内 問いの答え
教 具体と抽象

関連教材

・どうぶつの　赤ちゃん
・紙コップ花火の作り方
・文様
・思いやりのデザイン
・おにぎり石の伝説
・「永遠のごみ」プラスチック

66 説明が似ているところは？

広げる場面の発問・説明文

事例が対比的に説明されている文章の内容について、観点ごとに整理するための発問である。

本論部が対比的な説明構造となっている説明文では、二つの事例が、同じ観点から、ほぼ同様の表現（言い回し）で説明されていることが多い。「似ているところ」という平易な言い方は、入門期で特に有効である。

関連指導内容

内 事例の内容
内 対比の観点
教 対比

関連教材

・どうぶつの　赤ちゃん
・ロボット
・アップとルーズで伝える

67 何型の文章ですか？

広げる場面の発問・説明文

文章構成の型を問う発問である。

筆者の考えが、「初め」で示される「頭括型」、「終わり」で示される「尾括型」、「初め」と「終わり」の両方で示される「双括型」の三つのパターンの中から選択を促す。

尾括型なのか、双括型なのかの判別に迷う教材で用いると、考えの「ずれ」が生まれて、話し合いが活性化する。

関連指導内容

内 筆者の考え
教 文章構成

関連教材

説明文教材全般

68 5段階で表すとしたら？

広げる場面の発問・説明文

文章の理解度や、筆者の考えに対する納得度などを、5段階で表現することを求める発問である。

理解度や納得度を数値化することで、学習者相互の感じ方の違いが可視化される。また、単元の導入時に一度5段階で表現し、単元末に再度表現することで、自らの理解度や納得度の変容を自覚することができる。

関連指導内容

内 筆者の考え

関連教材

高学年説明文教材

2年・文学

「みきのたからもの」（光村）

【主な指導内容】 教材内容（◎）／教科内容（◆既出　◇新出）

◎誰が何をしたか，どんな出来事が起こったか・人物の様子や行動，行動の理由

◆様子や気持ちを表す叙述（行動描写・会話文・気持ちを表す語句）

◇行動や様子の理由の解釈の方法（自分の体験と結び付ける）　◇挿絵の役割

重点をおく指導内容①　あらすじのまとめ方

学習の手引きには，「あらすじをまとめる」ことが主要な学習活動の一つとして挙げられているが，２年生にとっては難易度の高い活動である。そのため，まずは１場面を例に，あらすじをまとめる際のポイントについて確認したい。具体的には，「誰が」「何をしたか」「どんな出来事が起こったか」を中心にまとめること，細かな描写や会話文などは不要であることを整理していくようにする。

重点をおく指導内容②　行動や様子の理由の解釈の方法

「どうしてこのような行動をしたのだろう？」「どうしてこのような様子なのだろう？」と読み手に想像を促す箇所（文学作品特有の空所）がある教材である。「行動の理由や様子の理由を解釈するための方略」として，既習の「複数の叙述を関連付ける」ことに加えて，「体験と結び付ける」ことを指導したい。非日常的な題材ではあるが，同じくらいの年齢の登場人物に同化して考えることを促したい。

重点をおく指導内容③　物語と挿絵との関係・挿絵の役割

挿絵には，作品の設定や出来事等についての理解を促す効果がある。本教材における七つの挿絵（扉含む）も，どれも子どもが作品中の状況を理解する上で役立つものになっている。一方で，読者として，最も気になる「ナニヌネノン」については，挿絵に描かれていない。明らかに読者に想像を促す意図があることが感じ取れる。物語における挿絵の意義，役割について考える機会としたい。

単元を通して取り組む言語活動

—お話の好きなところを紹介しよう—

作品の好きなところとその理由について，文章にまとめて，家の人にお話を紹介する活動である。

登場人物や人物に関わる設定，出来事など，面白く印象に残ることが多い作品である。単元の導入では，「好きなところ」だけでなく，心に残ったこと，面白いと思ったこと，気になったこと，お気に入りポイント等の言葉を提示することで，多くの子どもが自分なりに気に入った部分を見出し，紹介することへの意欲をもつことができるようにしたい。

お話を紹介する上で，あらすじを説明する必要があるから，あらすじのまとめ方を考えるという文脈をつくる。また，それぞれの場面の面白さを話し合いながら，ファンタジーの要素や文学的な文章の特質などについての気付きを促すようにしたい。

単元の流れ（全10時間）

第１次　①一番いいなと思った場面について話し合う❶

第２次　②１，２場面を読み，あらすじのまとめ方を考える

③３～５場面を読み，あらすじをまとめる

④１，２場面を読み，面白いと思ったことを話し合う❷

⑤３場面を読み，面白いと思ったことを話し合う

⑥４，５場面を読み，面白いと思ったことを話し合う

⑦非現実的な出来事について話し合う❸❹

⑧挿絵の役割について話し合う❺❻

⑨みきの行動の理由について解釈を話し合う❼❽

第３次　⑩あらすじと作品の好きなところをまとめ，作品を紹介する文章を書く

❶一番いいなと思った（心に残った）場面は？（第1時）

五つの場面の中で、特に紹介したいと思う場面はどの場面ですか？

僕は2場面です。みきが初めてナニヌネノンに出会った場面だからです。

5場面です。みきがナニヌネノンに出会ったことを秘密にしていることが心に残っています。

指導内容　**内容理解**

まずは、作品全体が大きく五つの場面に分かれることを確認します。その上で、特に紹介したいと思う場面を選び、その理由を交流する活動を行います。どの場面にも、印象に残る出来事や印象に残る表現があること、また疑問に思うことがあることを共有し、各場面を読み合った上で、印象に残ったことをまとめるという単元の見通しを確認します。

❷一番いいなと思った（心に残った）場面は？（第4時）

1、2場面の中で、特に面白いなと思ったところはどこですか？

ナニヌネノンの乗り物がマヨネーズの容器みたいな形をしているのが面白いです。

ナニヌネノンという名前、ポロロン星という名前が面白いです。

指導内容　**内容理解**

作品の設定や内容の理解を促すための発問です。二つの場面を五つか六つほどのセンテンスカードに分けて提示します。特に面白いと感じたところを選んで、その理由を伝え合う中で、登場人物や人物に関わる設定、出来事や状況の確認を行います。❸へのつながりを意識し、現実世界とは異なるファンタジー作品としての面白さを共有します。

❸特に気になった表現は?（第7時）

これって、みきの夢のお話かな。夢じゃないかなと感じるところはどこだろう。

夢ではないと思います。「これは夢です」とは書かれていないからです。

ナニヌネノンとか、ポロロン星とか、現実にはないので、夢だと思います。

指導内容　ファンタジー要素の確認

作品内で起こっている非現実的な出来事について確かめるための発問です。「夢で見たお話」という描写はありませんが、あえて右のようにゆさぶりをかけることで、活発な議論の生起を期待しています。決着はつけませんが、「夢かもしれない」「夢ではないと思う」という両方の意見について検討しながら、非現実的な出来事を整理していくようにします。

❹変なお話（不思議な○○）ですね（第7時）

夢とは書かれていないのに、夢のような出来事が起こるなんて、普通じゃないよ。怖いですね。

先生、これは、物語だから、普通ではない出来事が起こるのは当たり前ですよ。

こういうお話では、普通じゃないことが起こるのです。「お手紙」だってカエルが話しています。

指導内容　文学作品の特質（虚構性）

文学作品で表現されている世界は、虚構の世界であり、現実とは異なる出来事が起こり得ることについて確認するための発問です。不思議な出来事が描かれている一方で、夢とは書かれていないことについて、❸の話し合いを通して確認した上で発問します。物語とはそういうものであるということを、改めて言語化して、確認することがねらいとなります。

❺一番大事な文（挿絵）は？　（第8時）

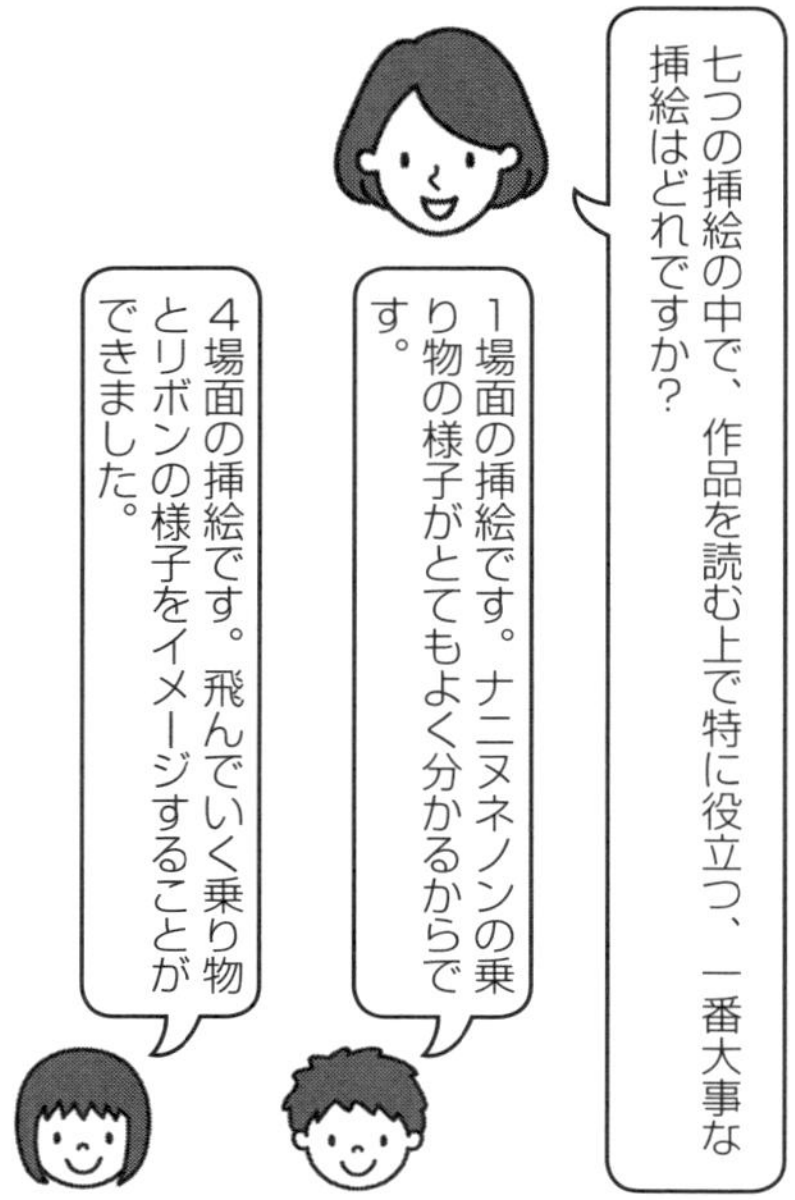
七つの挿絵の中で、作品を読む上で特に役立つ、一番大事な挿絵はどれですか？
1場面の挿絵です。ナニヌネノンの乗り物の様子がとてもよく分かるからです。
4場面の挿絵です。飛んでいく乗り物とリボンの様子をイメージすることができました。

指導内容　挿絵と本文とのつながり

低学年においては、内容の大体を捉える上で、挿絵も大切な手がかりとなります。七つの挿絵を提示して、読む上で役に立ったものを考える活動を通して、それぞれの挿絵が、本文のどの部分と対応しているか、どの部分が分かりやすく表現されているかについて整理します。ナニヌネノンが見てみたいという発言があれば、それを生かして❻へ展開します。

❻別の表現だとしたら？　（第8時）

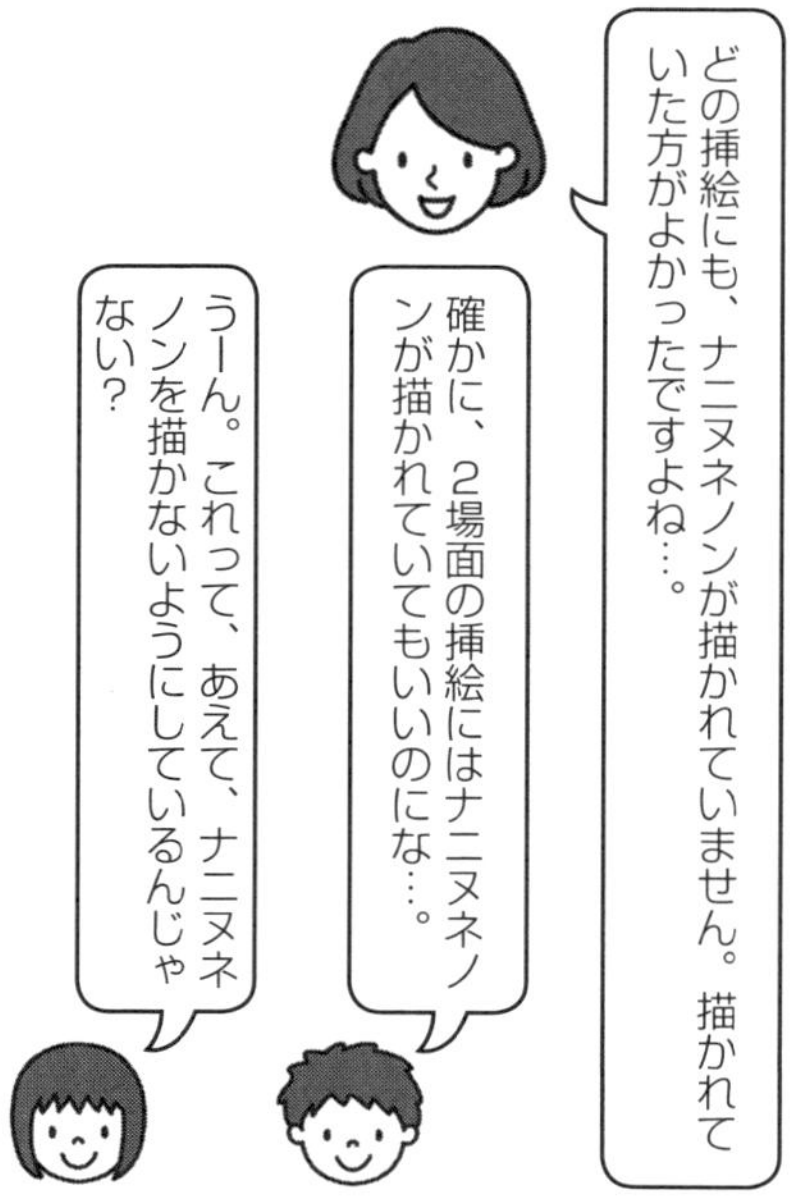
どの挿絵にも、ナニヌネノンが描かれていません。描かれていた方がよかったですよね…。
確かに、2場面の挿絵にはナニヌネノンが描かれていてもいいのにな…。
うーん。これって、あえて、ナニヌネノンを描かないようにしているんじゃない？

指導内容　挿絵の役割

挿絵があることで、読み手のイメージが具体化され、内容や出来事の理解が促されます。一方で、挿絵があることで、挿絵がない場合と比べて、読み手のイメージが、固定化される恐れもあります。本教材においては、不思議な登場人物である「ナニヌネノン」が挿絵に描かれていません。右のようにゆさぶることで、その理由について解釈を促します。

❼読者としては？　登場人物だったら？　（第9時）

あなたがみきだったとしたら、ナニヌネノンと出会ったことを誰かに話しますか？

僕だったら、家に帰って、お母さんに絶対に話すな…。

私も、みきと同じで話さないかもしれません。

指導内容　**行動の理由の解釈**

みきの行動の理由の解釈を促すための発問です。ナニヌネノンと出会ったことを話さなかったことを取り上げ、「もしも、自分が同じ出来事を経験したら」という状況を仮定して話し合います。「話す」「話さない」という両方の立場の意見を整理しつつ、みきは、どうして「心の中に、そっとしまっておきたい」と思い、話さなかったのかを解釈し合います。

❽気持ちが書かれているとしたら？　（第9時）

「話してしまったら、もう会えないような気がしたのです」と書かれていた方がいいね。

書いてあってもいいけれど、書かれてない方がいろいろ想像できていいな。

「そっとしまっておきたい」って書いてあれば、十分ではないかな。

指導内容　**空所とその効果**

文学作品における空所の存在と、空所があることのよさや効果について確認するための発問です。❼の話し合いを通して、行動の理由が曖昧になっている部分についての解釈を出し合います。出された解釈を用いて、右のようなゆさぶり発問をします。書かれていたら分かりやすいけれど、書かれていないことで想像が膨らむことを確認します。

3年・文学

「春風をたどって」（光村）

【主な指導内容】 教材内容（◎）／教科内容（◆既出　◇新出）

◎ルウの気持ちとその変化　◎対象（ノノン・森）に対するルウの気持ち
◇人物の気持ちを読み取る着眼点（心情描写・様子・情景描写）
◆基礎事項（作品の設定，時・場所・人物・出来事・比喩）

重点をおく指導内容①　マイナスからプラスの変化

人物の気持ちがマイナスからプラスに変わるハッピーエンド型の作品である。既出の指導内容であっても丁寧に扱いたい。登場人物の気持ちの変化を読み取っていくことは文学を読むことの中心的な指導内容となる。ただ，「どんな気持ちですか？」と直接的に問うことはできるだけ避けたい。気持ちの変化を大まかに捉えた上で，適切な表現を探していくようにつなげていきたい。

重点をおく指導内容②　見方・考え方の変化

対象（ノノンや住んでいる森）に対するルウの気持ちや見方・考え方の変化を扱いたい。低学年での学習は，主に中心人物の気持ちに着目して読みを進めてきたが，中学年以降の学習では，対象との関係に着目できるようにしていきたい。ノノンに対するルウの見方の変化や，住み慣れた森に関する新しい発見について，子どもたちなりの言葉で表現できるように促していきたい。

重点をおく指導内容③　人物の気持ちを読み取る着眼点

人物の気持ちの変化を扱うだけでなく，その読み取り方や着眼すべき表現について明示的に指導することが重要である。具体的には「心情表現」や「行動描写」「会話文」「情景描写」などが挙げられる。指導の際は，学習用語を教えることに終始するのではなく，気持ちが分かるところについて話し合っていく中で，気持ちを読み取る際に手がかりになる表現を帰納的に整理していくようにしたい。

単元を通して取り組む言語活動

―お話の続きを作ろう―

お話の続きを考える活動である。春風をたどって宝物の写真の海にそっくりな青の花畑を見つけたルウ。その中で友達のノノンや見慣れた森への気持ちが変わってきた。そんなルウが次にどのような景色を求めていくのか想像することを楽しみたい。

「ぼくの知らないすてきなばしょが，ほかにもまだ…」という最後の場面にあるルウの言葉は，私たち読者に，続きを想像することを促すものである。子どもたちからの「続きを考えてみたい」という発言を受けて，言語活動を設定するようにしたい。教師からお話の続きを書いたモデル文を提示する導入も考えられる。

作品の続きを考えるには，作品を丁寧に読む必要が出てくる。続きを書くという言語活動が設定されることで，「春風をたどって」の書かれ方に目を向ける必然性が生まれてくるのである。

単元の流れ（全７時間）

第１次　①全文を読み感想を交流する❶

第２次　②お話のいいなと思ったところを話し合い，作品の大体を捉える❷

③ルウの気持ちが分かる言葉を見つけながら読み，ルウの心情変化を捉える❸

④ルウがノノンに対してしたことや言ったことに注目しながら読む❹❺

⑤ルウが森や花畑を見ながらしたことや言ったことに注目しながら読む❻

第３次　⑥お話の続きを想像してノートに書く❼

⑦書いた作品を交流する❽

❶組み合わせは？ （第1時）

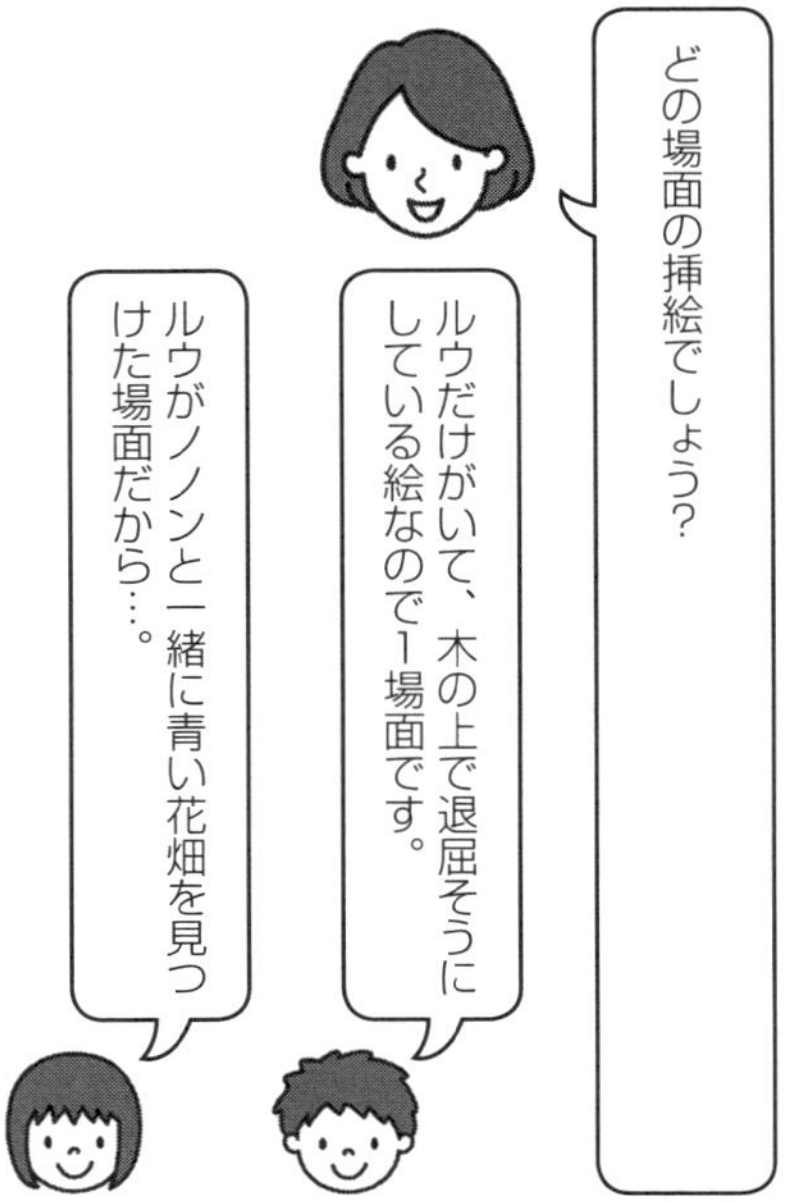
どの場面の挿絵でしょう？
ルウだけがいて、木の上で退屈そうにしている絵なので1場面です。
ルウがノノンと一緒に青い花畑を見つけた場面だから…。

指導内容 **内容理解（作品の設定）**

作品の設定（いつ・どこで・誰が・何をした）について確認するための発問です。発問をする前、用意していた挿絵を、意図的に、子どもたちの前で床に落として、順序をバラバラにしてしまいます。「どの場面の挿絵か、分からなくなってしまいました…」と演出することで、各場面の内容と挿絵に描かれていることを対応させる活動へ入っていきます。

❷一番いいなと思った（心に残った）場面は？ （第2時）

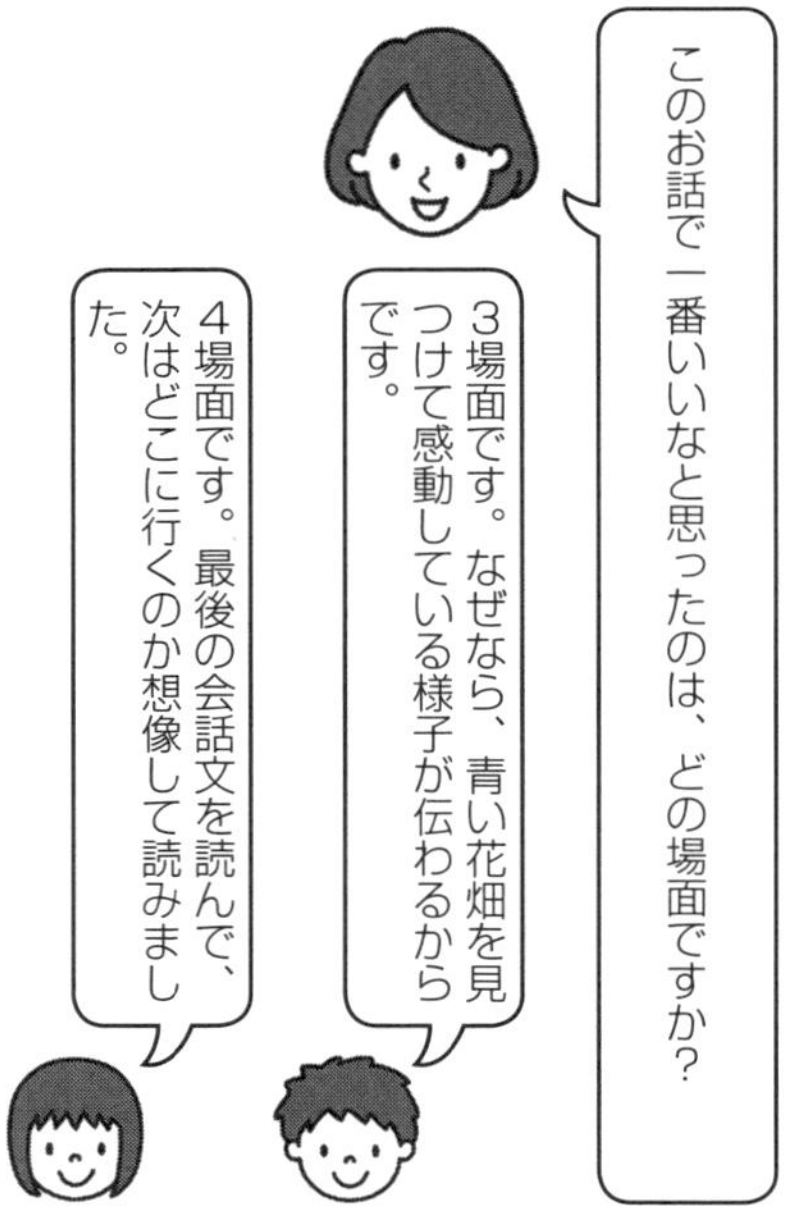
このお話で一番いいなと思ったのは、どの場面ですか？
3場面です。なぜなら、青い花畑を見つけて感動している様子が伝わるからです。
4場面です。最後の会話文を読んで、次はどこに行くのか想像して読みました。

指導内容 **内容理解（話の概要）**

作品の話の流れについて、大まかな理解を促すための発問です。いいなと思った場面とその理由について、ノート等に書いた上で交流するようにします。どこに興味をもっているのか、どのような着眼点で読んでいるのかを把握することにもつながり、この時間に書かれたことや、発言があったことをもとに、次時以降に考えたい問いをつくることもできます。

❸特に気持ち（様子・性格）が分かる文は？　（第3時）

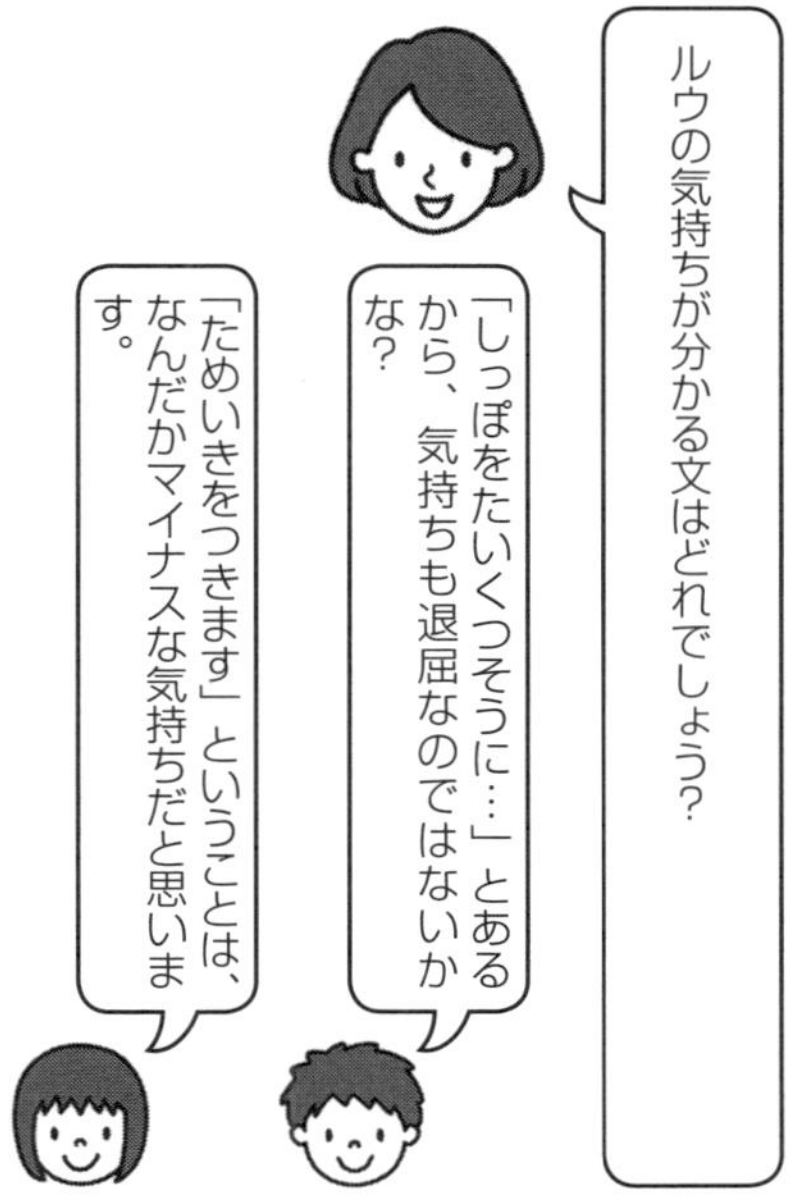
ルウの気持ちが分かる文はどれでしょう？
「しっぽをたいくつそうに…」とあるから、気持ちも退屈なのではないかな？
「ためいきをつきます」ということは、なんだかマイナスな気持ちだと思います。

指導内容　**人物の気持ちを読み取る着眼点**

登場人物の気持ちを読み取る際に、手がかりとなる着眼点を確認する発問です。ここでは「気持ちをそのまま表す言葉（心情描写）」「したことや言ったことを表す言葉（行動描写・会話文）」「情景描写」を確認します。場面を指定して、気持ちが分かるところを話し合った上で、子どもの気付きに応じて、着眼点を学習用語として整理するようにします。

❹別の表現だとしたら？　（第4時）

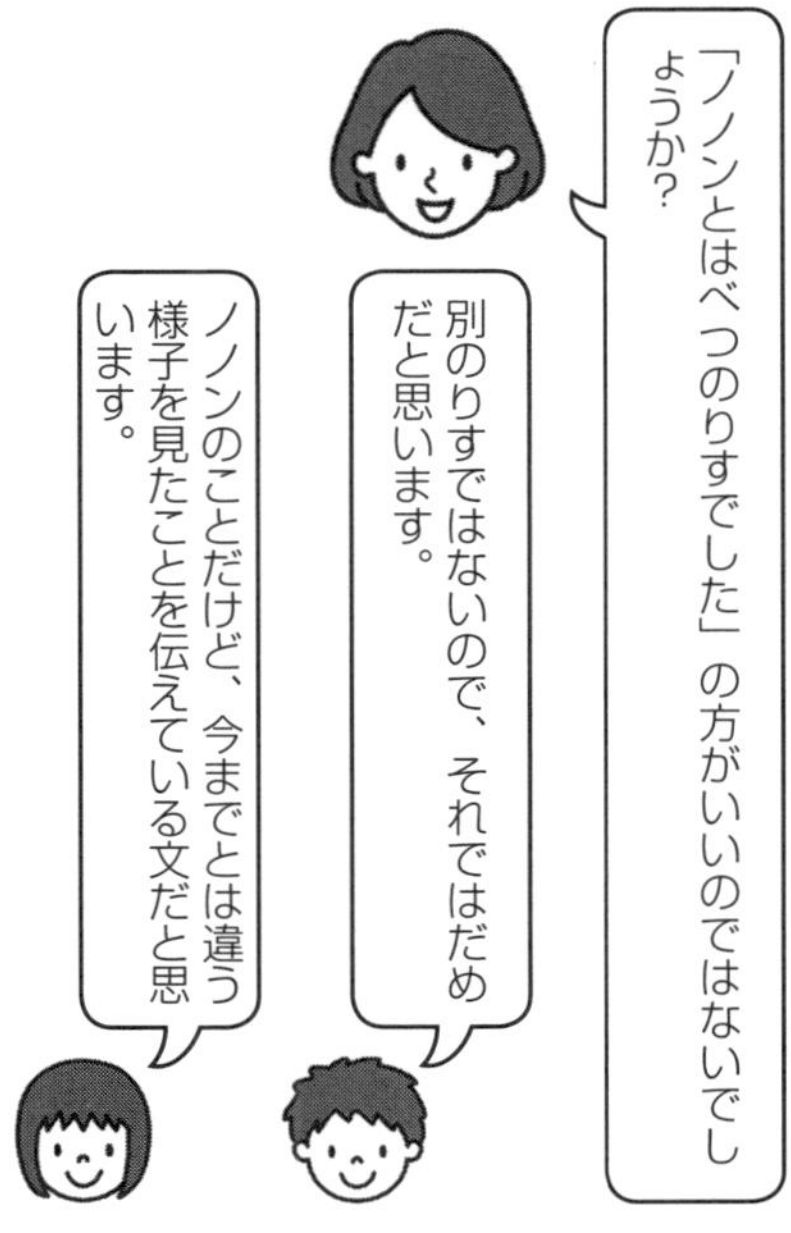
「ノンとはべつのりすでした」の方がいいのではないでしょうか？
別のりすではないので、それではだめだと思います。
ノンのことだけど、今までとは違う様子を見たことを伝えている文だと思います。

指導内容　**比喩表現（まるで～ようだ）**

教師があえて比喩に気付かないように振る舞うことで、比喩表現が用いられていることを確認するための発問です。「～ようだ」「～みたいだ」という既習の比喩を表す表現を振り返りつつ、「まるで」という言葉が、比喩を強調していることも確認することができるようにします。「『まるで』をつけなくても、喩えだと分かるよね？」等のゆさぶりが有効です。

❺会話文・心内語があるとしたら？　（第4時）

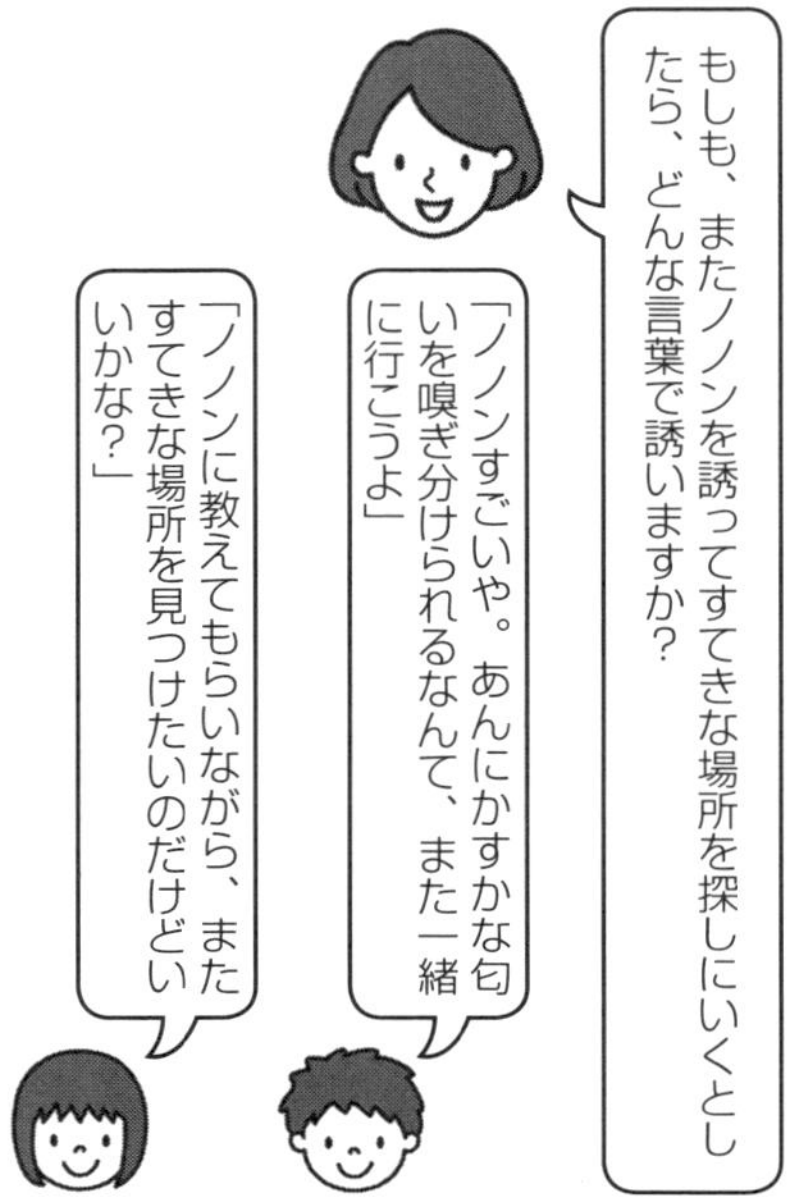
もしも、またノノンを誘ってすてきな場所を探しにいくとしたら、どんな言葉で誘いますか？
「ノノンすごいや。あんにかすかな匂いを嗅ぎ分けられるなんて、また一緒に行こうよ」
「ノノンに教えてもらいながら、またすてきな場所を見つけたいのだけどいいかな？」

指導内容　**ルウのノノンに対する見方**

実際にはない会話文を考える活動を通して、ノノンに対するルウの見方の変化を考えることを促す発問です。ノノンに対する見方の変化は、直接的には書かれていません。書かれていないことを考えるのは高度ですが、実際にはない会話文を想像する活動を通して、楽しく取り組むことができるようにします。

❻いくつ（何人）ですか？　（第5時）

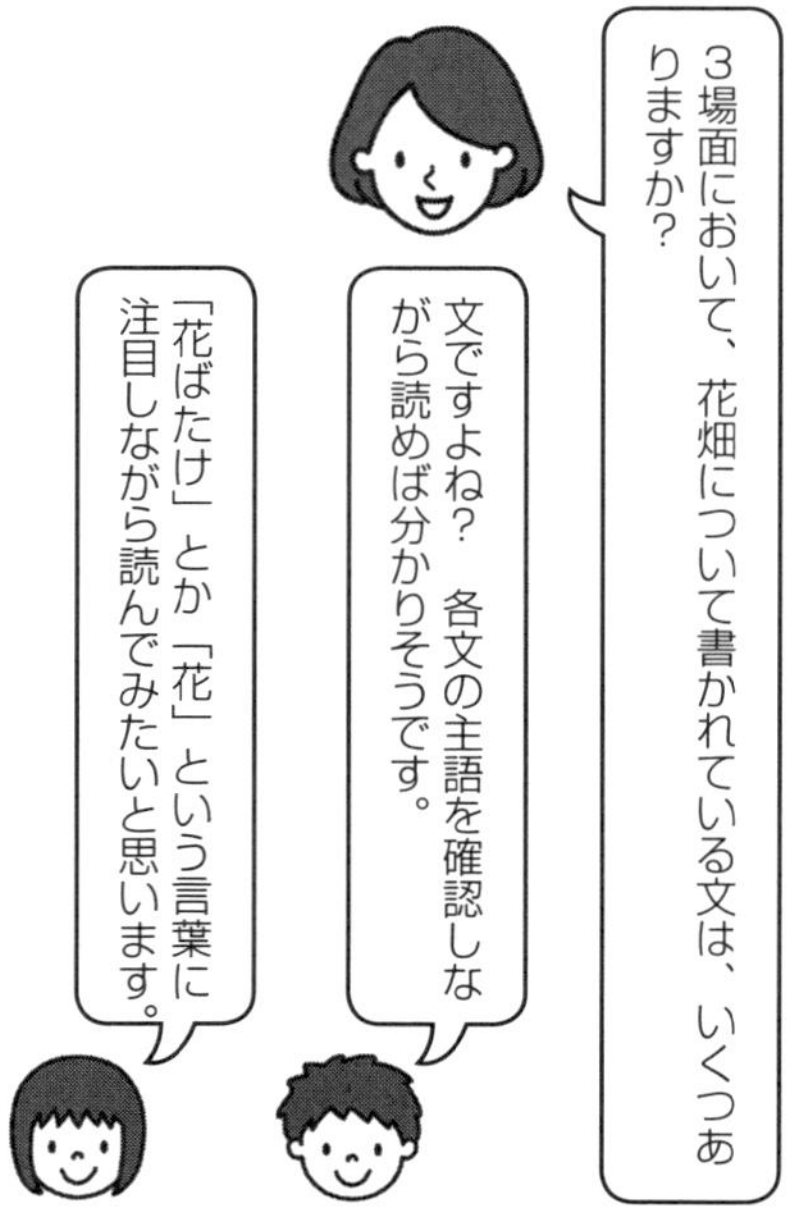
3場面において、花畑について書かれている文は、いくつありますか？
文ですよね？　各文の主語を確認しながら読めば分かりそうです。
「花ばたけ」とか「花」という言葉に注目しながら読んでみたいと思います。

指導内容　**ルウの花畑に対する見方**

花畑に対するルウの見方や気持ちの変化について、理解を促すための発問です。「いくつですか？」と問うことで、子ども相互の考えにずれが生じます。そのずれが全体で確認していく必然性や吟味する楽しさを引き出します。話し合いを通して、ルウが「やったこと」「言ったこと」「思ったこと」が何を対象としているのかを明確にすることができます。

❼続きがあったとしたら？　（第6時）

このお話に続きがあったとしたら、どのような話になると思いますか？

ルウは、またノノンと一緒にすてきな場所を探しにいくと思うよ。

そうだよね。4場面にあるルウの会話文を読めば想像できるよ。

指導内容　内容理解（関係性の変化）

お話の続きの設定について話し合うことを通して、ルウとノノンや見慣れた森との関係性がどのように変化したのか、確認・整理するための発問です。お話の続きを考える上で、ルウとノノンが旅に出ること（人物）、見慣れた森の素晴らしさを発見しにいくこと（場所）などの作品の設定を押さえていきます。何でもありの続き話にならないように配慮します。

❽特に気になった表現は？　（第7時）

友達と作った作品を交流します。その際、お互いにいいなと思った一文を伝えてあげましょう。

「夏になりました」と始まっていて、作品の設定がしっかりつくられていると感じました。

「ノノンの鼻で新しい場所を探してよ」という会話文からノノンに対する見方が変わっていることが分かりました。

指導内容　交流の方法

作品を交流する際には、具体的に「何が」「どのように」よかったのかを明確にして伝え合うことが大切です。単に「交流しましょう」と伝えるだけでは、何を伝えればよいのかが曖昧で、有意義な交流にならないことがあります。「友達の作品を読んで、特にいいなと思った一文を選んで伝える」等の明確な視点をもって作品の交流を行うことが大切です。

4年・文学

「友情のかべ新聞」（光村）

【主な指導内容】 教材内容（◎）／教科内容（◆既出　◇新出）

◎物語の設定　　◎「東君」と「西君」の関係の変化

◎「ぼくのすいり」と登場人物の行動のつながり

◇視点（一人称視点）　　◇ミステリー作品の構造（謎・推理・解決）

重点をおく指導内容①　視点・視点人物

「視点」は文学教材における重要な指導内容の一つであり，本単元でも確実に取り上げたい指導事項である。本作品は「一人称視点」で描かれており，同じ学級で生活するクラスメイトの「ぼく」の視点から語られている。一人称視点で語ることで，「ぼく」との一体感や，その場にいるような臨場感を味わうことができる。一人称視点の効果について話し合い，そのよさを捉えられるようにしたい。

重点をおく指導内容②　謎解き物語の構造

本教材は，「東君」「西君」の「なぜだろう」と思うような行動が描かれた後に「ぼく」の推理が続き，その行動の謎が解き明かされていくという展開になっている。「ぼく」の視点に寄り添いながら読み進め，二人の行動の裏側にあったものが何であったかを探っていくことで，ミステリー独特の謎解きの面白さを味わうことができるだろう。

重点をおく指導内容③　作品の設定における工夫

本教材における特徴の一つとして，「設定の工夫」が挙げられるだろう。対立する「東君」と「西君」の人物像や，曜日によって変わる場面の変化など，読み手が捉えやすい設定になっている。こうした設定の工夫が，推理をしながら読んでいくミステリー独特の面白さを際立たせている。本単元では，こうした設定の工夫にも着目しながら読み深められるようにしていきたい。

単元を通して取り組む言語活動

―「謎解き」の面白さを紹介しよう―

本教材は，東君と西君の二人が起こした出来事の謎について，登場人物の行動描写や会話文をヒントにしながら「ぼく」が推理し，解き明かしていくという内容になっている。「なぜだろう」と思ってしまうような登場人物の行動について，場面と場面を結び付けながら考えることに，面白さを感じる作品である。

本単元では，「友情のかべ新聞」の面白いと思ったところをポスターにまとめ，家族に紹介する言語活動を設定する。自分が選んだミステリー作品の面白いところについて考え，紹介するという活動である。子どもが，自ら選んだ作品の面白いと思ったところをまとめていく過程では，登場人物の変化や行動の理由について，場面と場面を結び付けながら考えられるように指導していきたい。また，Canva 等のアプリを活用することも提案したい。紹介している姿を録画機能で撮影したり，スライド上で作成したポスターに音声を吹き込んだりすることで，紹介番組を作成することもできるだろう。

単元の流れ（全10時間）

第１次　①作品を読み，感想や考えたい問いを書く❶
　　　　②感想や考えたい問いをもとに学習計画を立てる
第２次　③作品の設定を捉える❷
　　　　④人物像を捉える❸
　　　　⑤作品の構造と前書きの効果について考える❹
　　　　⑥視点について捉える❺
　　　　⑦推理が正しいか正しくないかを話し合う❻
　　　　⑧本当に仲良くなったのかを話し合う❼❽
第３次　⑨⑩ポスターを作成し，ポスターセッションで紹介する

❶一番いいなと思った（心に残った）場面は？　（第1時）

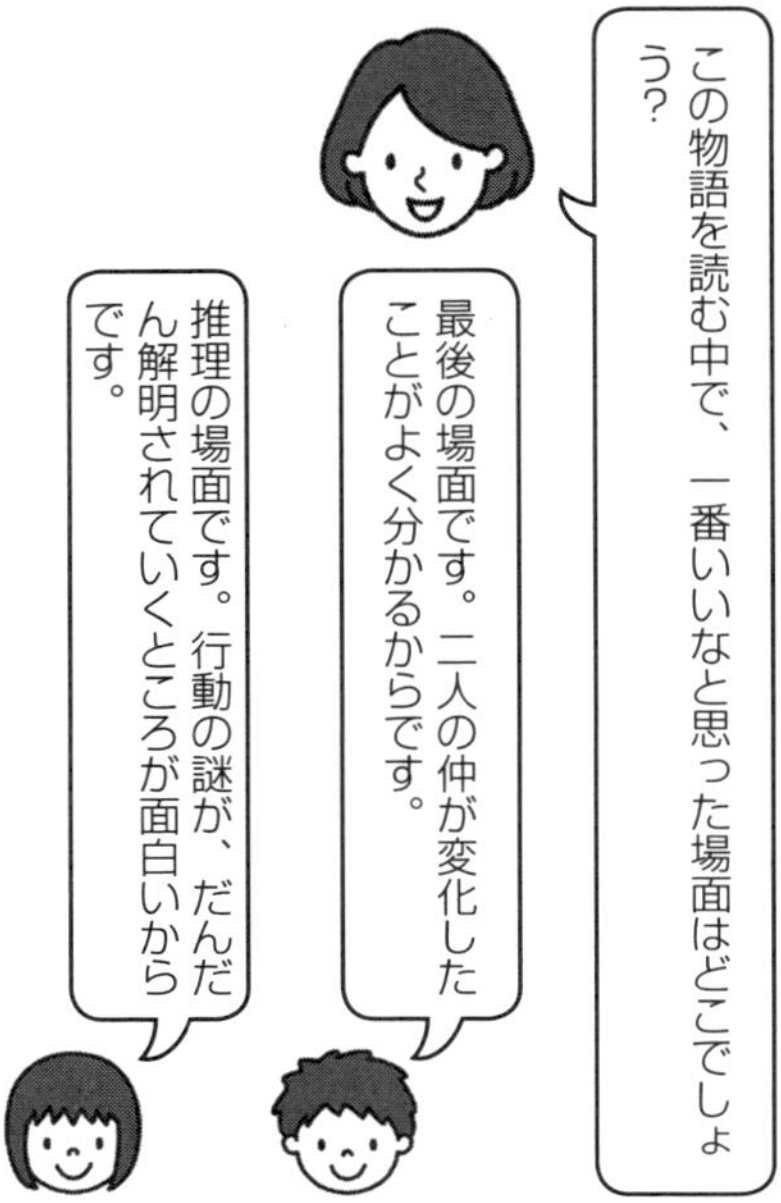
この物語を読む中で、一番いいなと思った場面はどこでしょう？
最後の場面です。二人の仲が変化したことがよく分かるからです。
推理の場面です。行動の謎が、だんだん解明されていくところが面白いからです。

指導内容　**内容理解**

一番を問うことで、話の大体の流れについて理解を促すというのが、この発問のねらいです。場面の挿絵を黒板に掲示し、この問いを投げかけます。二人の行動の謎について考えを述べ合ったり、「ぼくのすいり」が正しいかどうか、叙述をもとに話し合ったりすることを通して、作品の全体像や内容の大体を理解できるようにしましょう。

❷何日間・何年間のお話ですか？　（第3時）

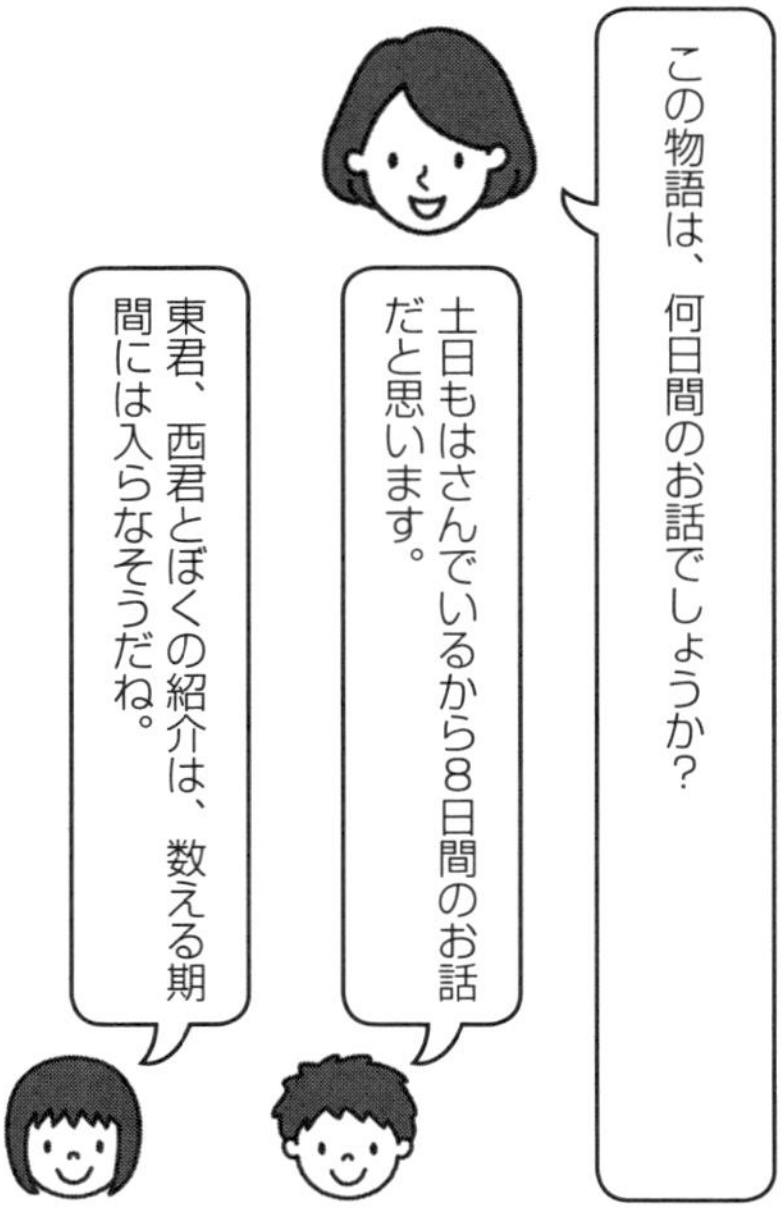
この物語は、何日間のお話でしょうか？
土日もはさんでいるから8日間のお話だと思います。
東君、西君とぼくの紹介は、数える期間には入らなそうだね。

指導内容　**作品の設定**

設定を確認するときに「いつの話ですか」と小さな発問を繰り返すことがあります。ここでは何日間かを問うことで「いつ・どこで・誰が・何をした」という設定や「ぼくのすいり」の内容についての理解を促すことがねらいです。「月曜日」「火曜日の朝」「放課後」などの言葉を手がかりに話し合うことで、作品の設定を捉えられるようにしましょう。

❸性格があまりよくないよね（第4時）

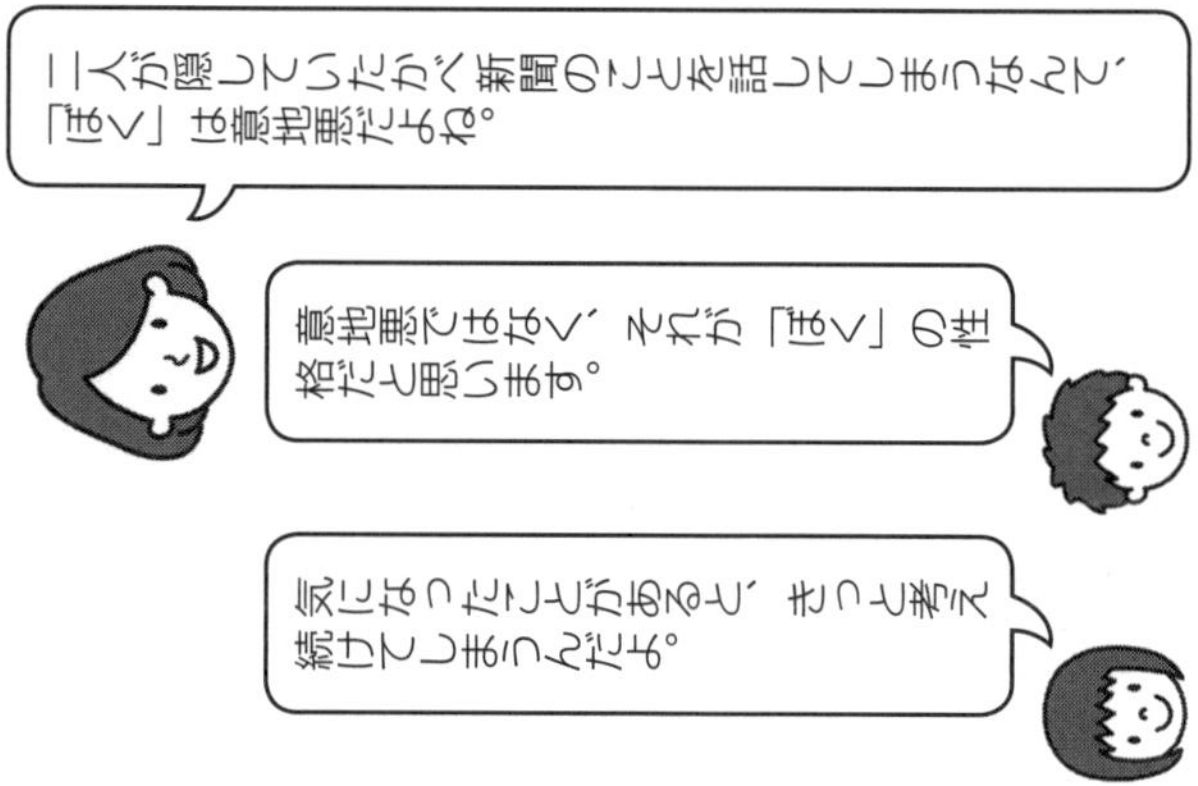
二人が隠していたかべ新聞のことを話してしまうなんて、「ぼく」は意地悪だよね。
意地悪ではなく、それが「ぼく」の性格だと思います。
気になったことがあると、きっと考え続けてしまうんだよ。

指導内容　**内容理解（人物像）**

人物像について確認することがねらいです。隠していたことに気付き、二人に話してしまうという「ぼく」の行動は、一見、意地悪に思えます。気になったことがあると、答えが出るまで考え続ける性格の持ち主なのかもしれません。教師があえて理解できていないかのような発言をし、それに対する否定意見を引き出すことで、人物像を整理しましょう。

❹ある段落（事例・場面）がなかったら？（第5時）

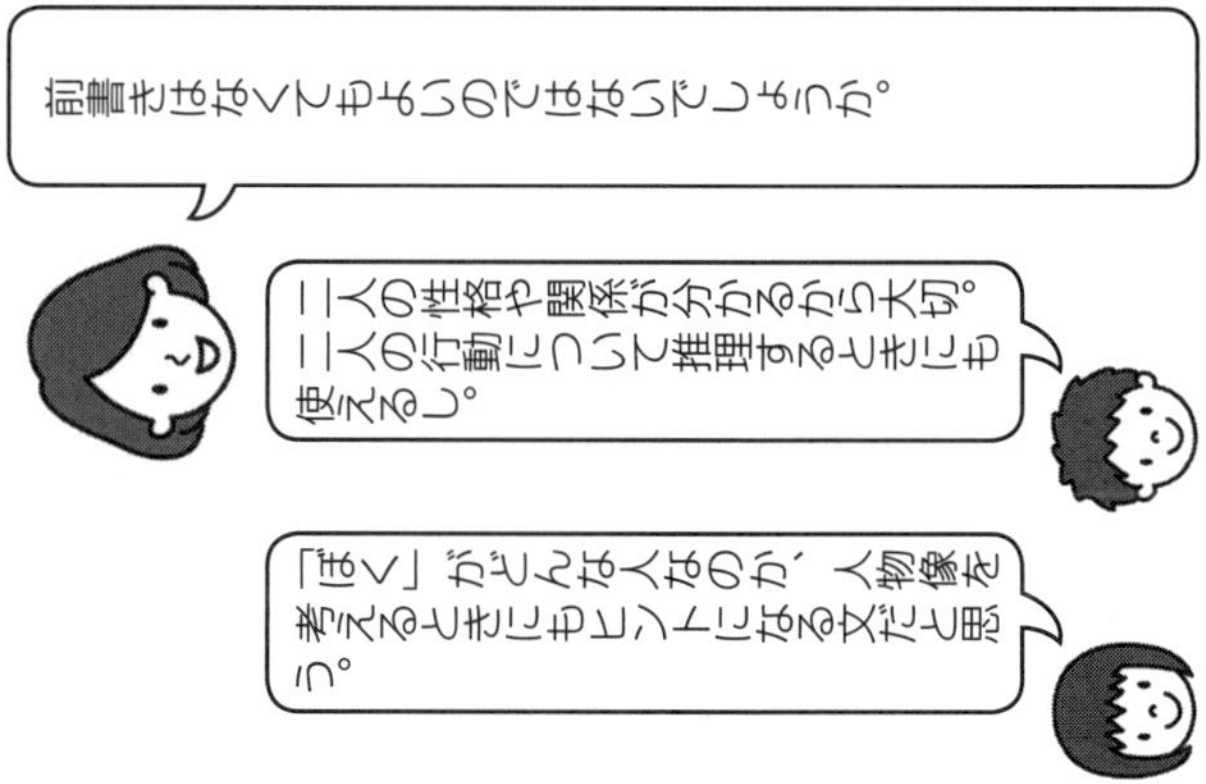
前書きはなくてもよいのではないでしょうか。
二人の性格や関係が分かるから大切。二人の行動について推理するときにも使えるし。
「ぼく」がどんな人なのか、人物像を考えるときにもヒントになる文だと思う。

指導内容　**作品の構造（前書き）**

第3時❷の発問後の話し合いでは、「前書き部分は、数える期間に入らない」といった発言があがるでしょう。そこでの発言を振り返って取り上げ、あえて前書きの必要性を疑問視するような問いかけをします。子どもが教師の提案を否定する中で、作者が前書きを取り入れている意図や、その効果について、自然と話し合いが収束していくでしょう。

❺今までに学習した文章にない新発見は？（第6時）

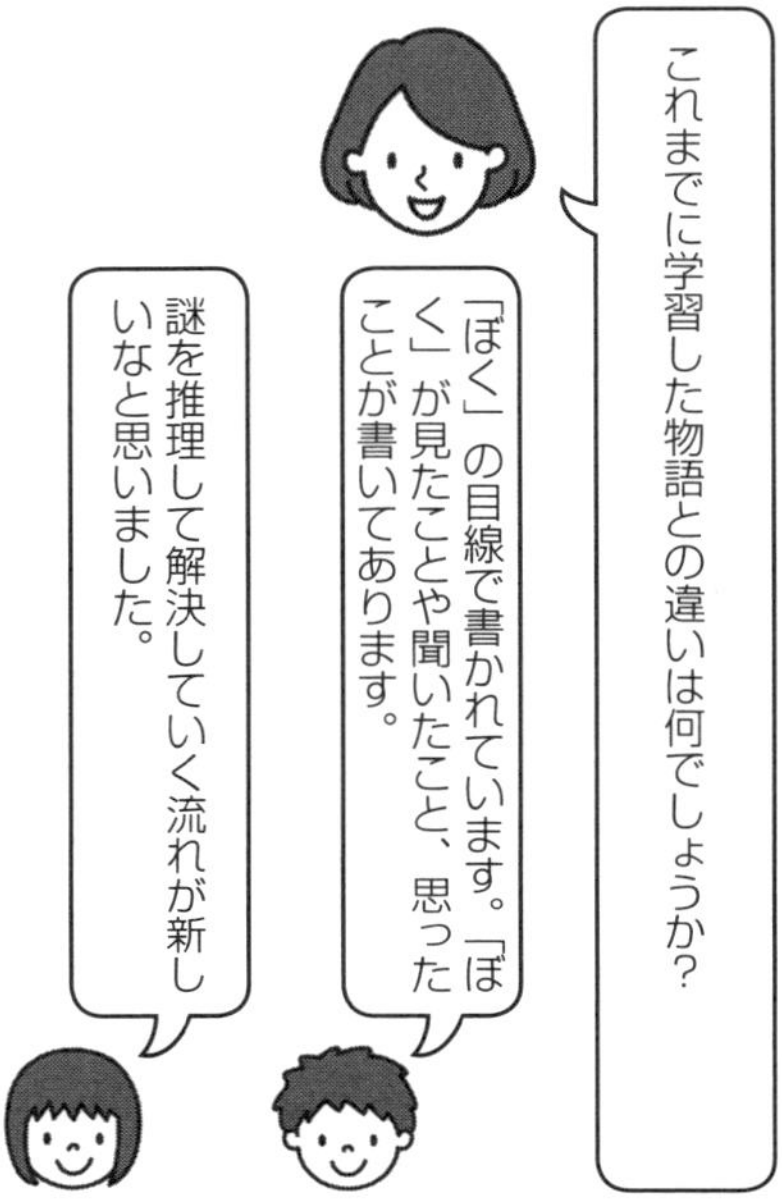
これまでに学習した物語との違いは何でしょうか？
「ぼく」の目線で書かれています。「ぼく」が見たことや聞いたこと、思ったことが書いてあります。
謎を推理して解決していく流れが新しいなと思いました。

指導内容 視点（一人称視点）

「ぼく」の視点から語られているという描かれ方の特徴を確認するための発問です。「ぼく」の視点から描かれていることを確認した後、「ぼくの視点で描かれていることのよさは？」という問いを投げかけます。「ぼく」との一体感や臨場感を味わえるなど、一人称による語りの効果を追っていく中で、一人称視点のよさを捉えられるようにしましょう。

❻仮に○○説が正しいとすると？（第7時）

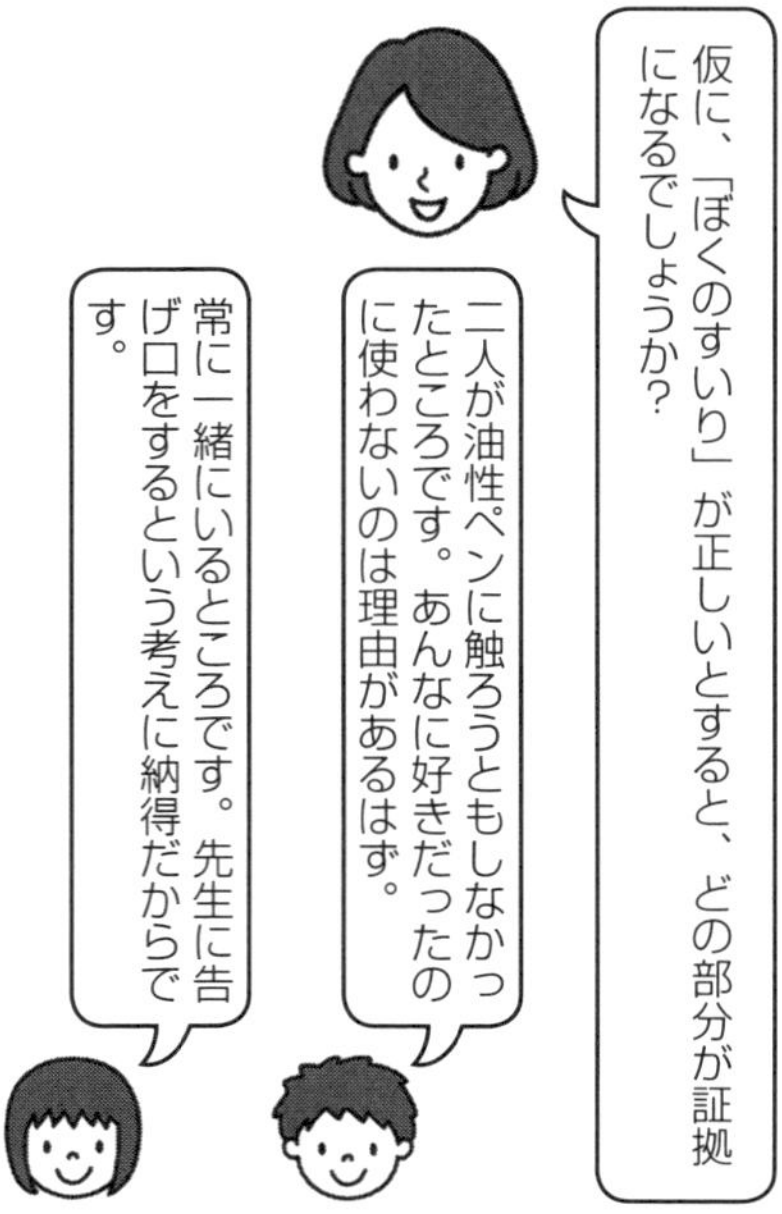
仮に、「ぼくのすいり」が正しいとすると、どの部分が証拠になるでしょうか？
二人が油性ペンに触ろうともしなかったところです。あんなに好きだったのに使わないのは理由があるはず。
常に一緒にいるところです。先生に告げ口をするという考えに納得だからです。

指導内容 複数の叙述を関連付けること

解釈の妥当性を高めるためにも、複数の叙述を根拠にしたり、関連付けたりすることが大切であるということを確認するための発問です。この問いを投げかける前に、「ぼくのすいり」が正しいと思うか、正しくないと思うかを考えさせます。それを踏まえて、仮に正しいと仮定した上で…と前置きをし、本発問を投げかけるようにしましょう。

❼書かれている通りですよね？ （第8時）

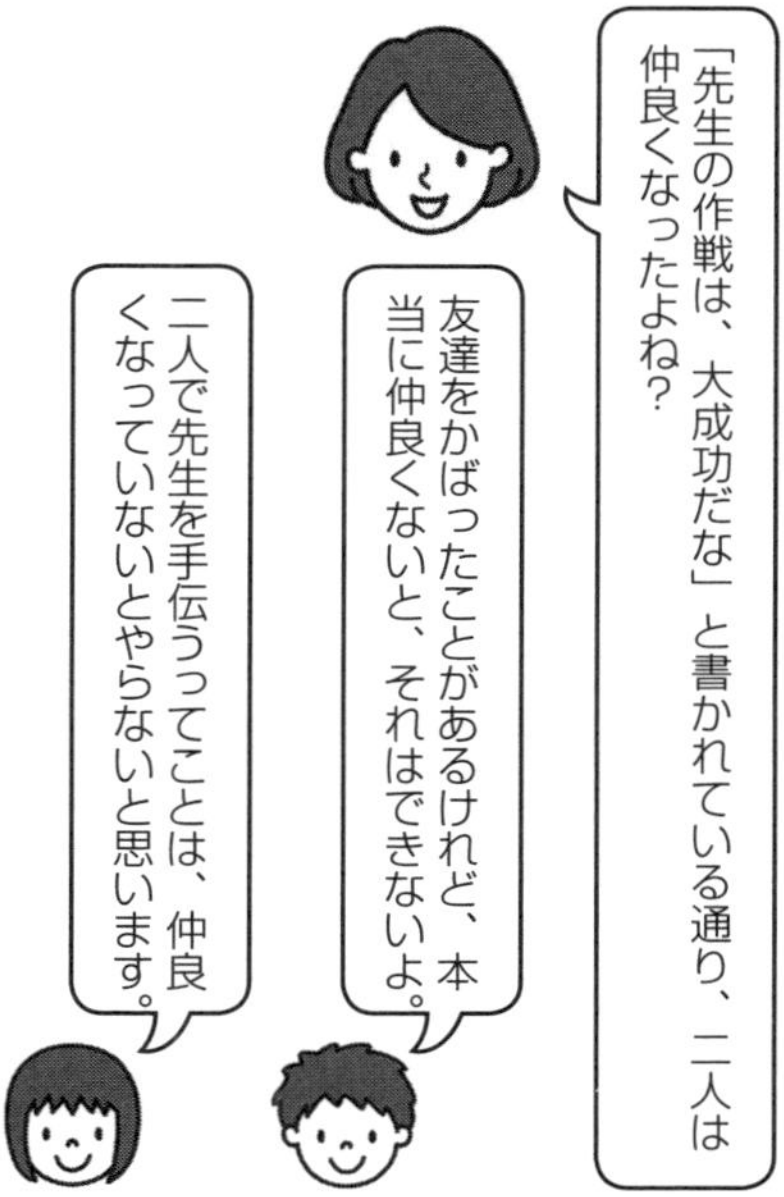
「先生の作戦は、大成功だな」と書かれている通り、二人は仲良くなったよね？
友達をかばったことがあるけれど、本当に仲良くないと、それはできないよ。
二人で先生を手伝うってことは、仲良くなっていないとやらないと思います。

指導内容 **内容理解（登場人物の関係の変化）**

描かれている行動と、その時の人物の内面（心情や思い）に対する解釈を促すための発問です。それぞれの人物像と関係付けながら二人の変化を把握し、整理することがねらいです。東君と西君の内面（心情や思い）については描かれていないため、当該場面の叙述や読み手自身の経験をもとにするなど、多様な根拠の挙げ方を共有できるようにしましょう。

❽会話文・心内語があるとしたら？ （第8時）

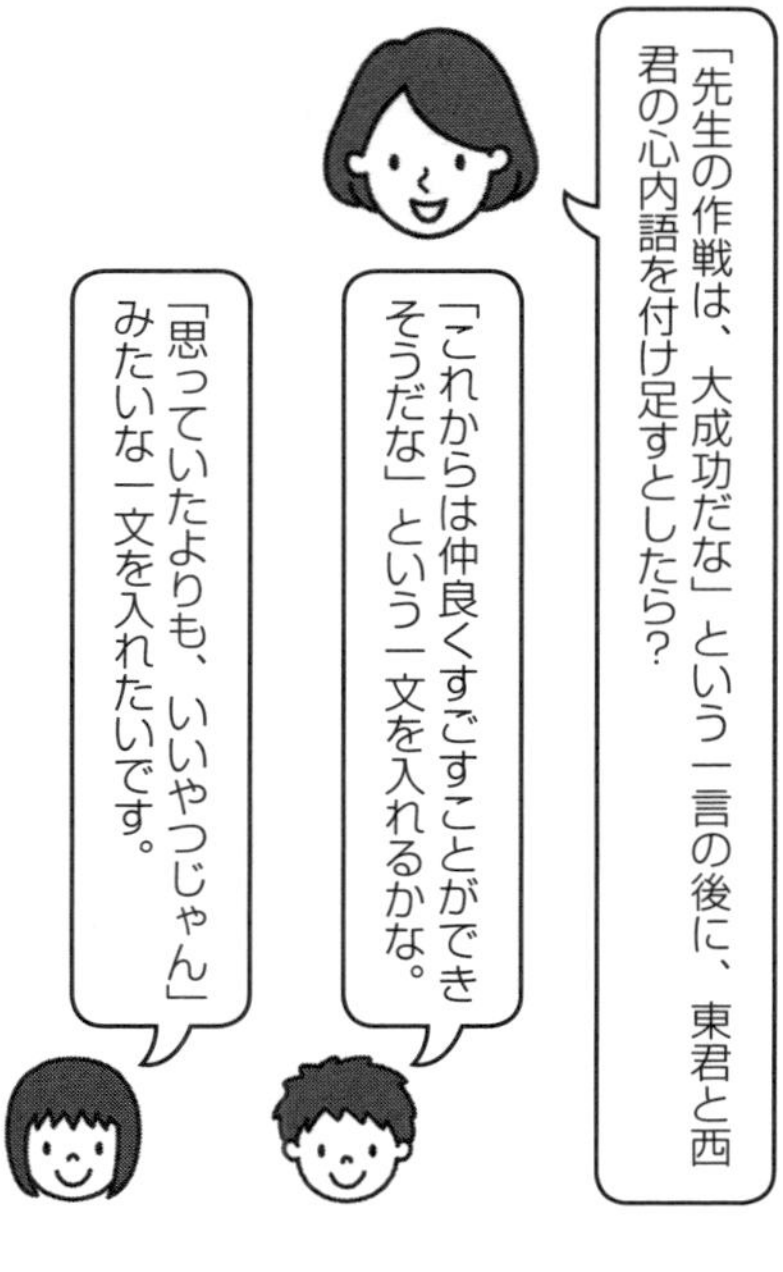
「先生の作戦は、大成功だな」という一言の後に、東君と西君の心内語を付け足すとしたら？
「これからは仲良くすごすことができそうだな」という一文を入れるかな。
「思っていたよりも、いいやつじゃん」みたいな一文を入れたいです。

指導内容 **内容理解（心情理解）**

❼の発問についての解釈を述べ合った後に、この発問を投げかけます。東君と西君の心内語を考えることを通して、二人の心情の変化を理解することが目的です。本文では二人の心情が直接描かれていないことを話題に挙げ、確認した上で、「先生の作戦は、大成功だな」と先生に言われた後に心内語を入れるとしたらどうするかを考えます。

4年・文学

「スワンレイクのほとりで」（光村）

【主な指導内容】 教材内容（◎）／教科内容（◆既出　◇新出）

◎物語の設定　◎歌とグレンの人物像　◎歌の心情とその変化
◆心情変化のきっかけ　◇物語の構造の効果（額縁構造）　◇空所の効果
◇心情の変化を捉える着眼点（心内語・情景描写の変化）

重点をおく指導内容①　物語の構造（額縁構造）

この物語は，歌のアメリカでの出来事を中心に，その前後に，今の歌の様子が描かれている。歌がアメリカで経験したことや，グレンとの交流によってうつり変わっていく気持ちが今の歌に影響を与えていることが伝わる「物語の構造」となっている。「地球儀をぐるりと回したら，日本の反対側にあるアメリカの東海岸」の一文から回想に入る面白さ，「物語の構造」の効果についても考えたい。

重点をおく指導内容②　心情変化の読み取り方（心内語・情景描写）

野菜畑での歌とグレンの一連のやり取りでは，歌の「心内語」や「情景描写」が多用されている。歌の不安な気持ちがグレンとの関わりにより，グレンと友達になれたことへの喜びに変化していることが分かりやすい。心情変化を捉える着眼点として，行動描写や会話文に加え，本教材で多用されている「心内語」や「情景描写」からの解釈を促したい。また，よさや効果についても考えたい。

重点をおく指導内容③　空所の効果

物語の最後で歌が書こうとしていることが空所になっていることが特徴的である。読者からすると，歌はアメリカ旅行で何が心に残ったのか，文脈や関連する叙述をもとに想像力を働かせることになる。直接的に表現されている場合と比較すると，読んだ後も考え続けられる楽しさがある。空所を想像するための方略や空所の効果について考えたい。

単元を通して取り組む言語活動

—歌の作文の続きを書いてみよう—

「これは，わたしにとって生まれて初めての海外旅行でした」から歌の作文の続きは空所となっている。空所である作文の続きを考え，歌の作文を完成させるという言語活動を設定したい。

初発の感想や授業で考えたい問いから歌の作文について子どもから言及されることが想定される。「えんぴつを取り上げると，ぎゅっと，力をこめてにぎった」から歌が作文で書こうとしていることが空所になっていることを確認し，歌になって作文の続きを書き，作文を完成させようと提案する。

歌の作文の続きを書く過程で，「歌がアメリカの人々や自然の様子から感じたり考えたりしたことは何だろう」「グレンとの関わりで歌の気持ちはどのように変化したのだろう」「英語で伝え合うということについて歌はどう思ったのだろう」など，指導内容に関わる叙述を根拠に考えをまとめることが期待できる言語活動である。

単元の流れ（全10時間）

第１次　①作品を読み，感想や考えたい問いを書く
　　　　②感想や考えたい問いをもとに学習計画を立てる
第２次　③作品の設定や登場人物の人物像を捉える❶
　　　　④物語の構造を理解し，効果について考える❷❸
　　　　⑤グレンと出会う場面の歌の行動を想像し，文末表現の効果を捉える❹
　　　　⑥心内語から心情変化が読み取れることを捉える❺
　　　　⑦情景描写から心情変化が読み取れることを捉える❻
　　　　⑧作品で用いられている表現方法を整理する❼
　　　　⑨空所の効果や解釈するための方略について考える❽
第３次　⑩歌の作文の続きを考え，作文を完成させる

❶一番○○なものは?（第3時）

初めての海外旅行でアメリカに行った歌。歌のアメリカ旅行で一番の思い出は何でしょう?

グレンとの出会いです。グレンに英語が伝わったことが嬉しかったからです。

野菜畑で言葉の追いかけっこをしたことです。美しい名前と言われて嬉しかったからです。

指導内容 **設定・人物像**

歌の一番の思い出を問うことで、物語の大体の内容の理解と、設定や人物像を捉えられるようにすることを目的とした発問です。子どもが考えた歌の思い出について、「グレンが出てきたね。いつの話?」「歌は緊張していたんだね。どんな性格って言えそう?」など設定や人物像に関して問い返すことで、設定や人物像が捉えられるようにします。

❷一番プラス（マイナス）の場面は?（第4時）

この話は今→昔→今の構造になっていますね。三つの中で一番プラスな場面はどれですか?

昔だと思います。アメリカ旅行で歌の楽しかった思い出が分かるからです。

後半の今の場面だと思います。歌が作文に書きたいことがまとまったことが分かるからです。

指導内容 **内容理解（人物の心情）**

歌の心情の理解を促すための発問です。三つの場面の中から、一番プラスだと解釈している場面を選択して、理由を考えます。一番プラスな場面を問うことで、歌のアメリカでの経験、グレンとの関わりで生まれた思いや感情、歌のこれからの生活への思いなど、不安だった気持ちがプラスに心情が変化した根拠となる叙述に着目することを促します。

❸ある段落（事例・場面）がなかったら？　（第4時）

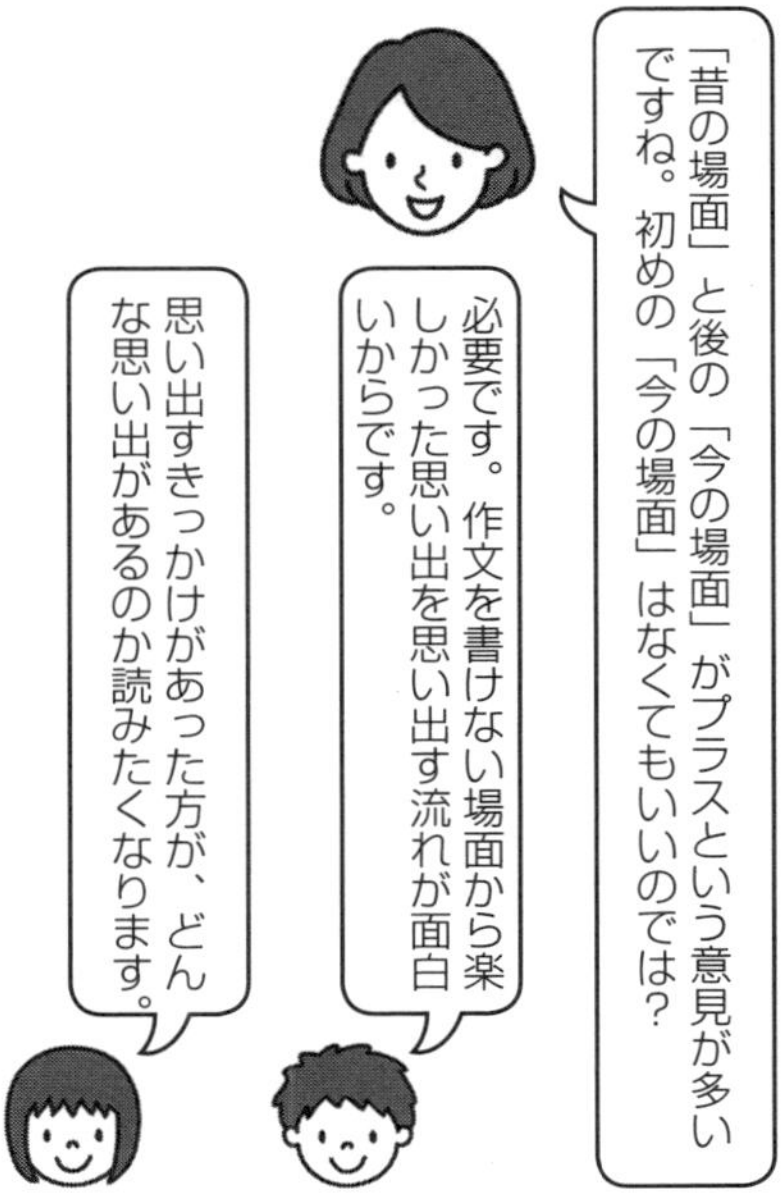
「昔の場面」と後の「今の場面」がプラスという意見が多いですね。初めの「今の場面」はなくてもいいのでは？
必要です。作文を書けない場面から楽しかった思い出を思い出す流れが面白いからです。
思い出すきっかけがあった方が、どんな思い出があるのか読みたくなります。

指導内容　内容理解（作品の構造）

今→昔→今の物語の構造の効果について考えるための発問です。❷の発問の話し合いでは、歌の心情が変化する昔の場面と、二度目の今の場面を選択する子どもが多いことが予想されます。そこで「プラスではない場面はいらないよね？」と必要性を問うことで、教師の提案への否定を促し、今→昔→今の物語の構造の効果について検討し合います。

❹作者・筆者のねらい（気持ち）は？　（第5時）

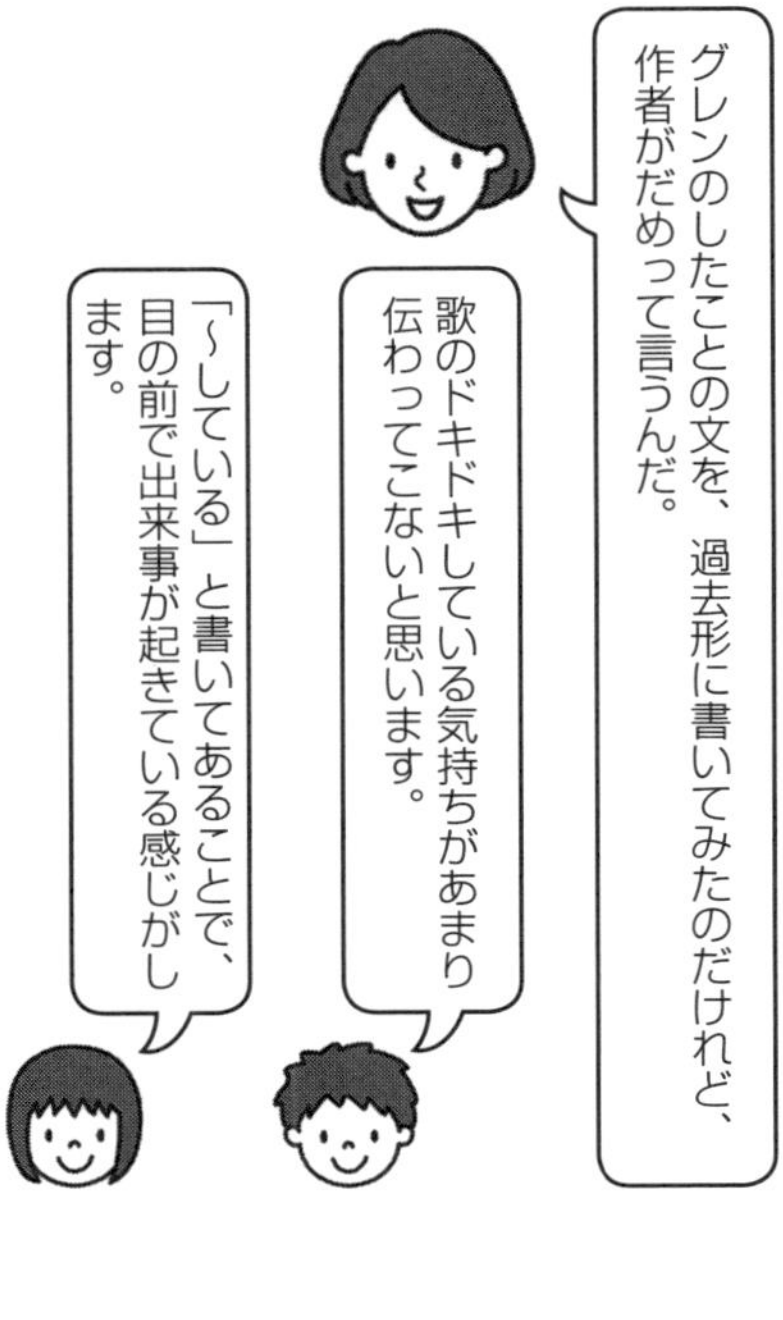
グレンのしたことの文を、過去形に書いてみたのだけれど、作者がだめって言うんだ。
歌のドキドキしている気持ちがあまり伝わってこないと思います。
「～している」と書いてあることで、目の前で出来事が起きている感じがします。

指導内容　文末表現の効果

教師が書き換えたものとの比較を促す発問によって、文末表現の効果を捉えます。「グレンは、わたしの顔を見つめたまま、だまっていた」「言いながら、ひざの上に置いていた手をすっと、わたしの方へ差し出していた」を提示し、「過去形に揃えた方がいいよね？」と問います。教師の提案への否定を促し、文末表現の効果について話し合います。

第1章　第2章　第3章

❺会話文・心内語があるとしたら?　（第6時）

野菜畑の場面に、歌の心内語を加えるとしたら、どんな言葉を加えますか?

「どんな意味があるの」の後に、「わたしのことが気になるんだ」と加えます。

「なんて美しい名前なんだろう」の後に、「名前をほめてくれて嬉しい」と加えます。

指導内容　**内容理解（心情理解）**

野菜畑でのグレンとの言葉の追いかけっこによって、歌の心情にどのような変化があったのかについて話し合うための発問です。野菜畑の後半場面は、心内語は見られません。そのことを確認した上で、「仮に心内語を入れるとしたらどんな言葉になるか」を考え、話し合う活動を行います。歌の心情がプラスに変化していることの理解を促します。

❻普通は、○○だよね?　（第7時）

普通、すいれんはきらきらかがやいていないので、「咲いていた」と表現した方がいいですよね?

歌の気持ちが高まっているから、きらきら、かがやいて見えるんだよ。

「咲いていた」では、歌のグレンとの言葉の追いかけっこが楽しい気持ちが伝わってきません。

指導内容　**間接的な心情表現（情景描写）**

光景を表す表現に、人物の心情が投影されていることへの気付きを促すための発問です。花は通常、「咲いていた」と表現します。そのことをあえて引き合いに出して、「『咲いていた』と表現するのが普通だよね?」と問い、否定の反応を引き出した上で、情景描写から歌のどんな心情が読み取れるかについて話し合います。

❼今までに学習した文章との共通点は？（第8時）

これまでに学習した表現の工夫として、整理できそうな言葉はどれでしょうか？

「おしゃべりしているみたい」は「みたい」があるから比喩表現かな。

「思わず、ぎゅっと」はオノマトペで、そのときの様子が分かりやすいです。

指導内容 オノマトペ・比喩・色彩語

これまでに学習した表現技法を確認するための発問です。擬音語や擬態語（オノマトペ）、比喩表現、色彩語については、既習事項であると考えられますが、今一度、ここで定義や効果について確認を行います。新たに学ぶ情景描写については、それを用いることで、読み手にどんな印象を与えるのかという効果にまで迫りたいところです。

❽続きがあったとしたら？（第9時）

最後の場面では、歌がどのような作文を書いたのか書かれていませんね。書かれていたら、歌はどんな作文を書いたと思いますか？

野菜畑でのグレンとの言葉の追いかけっこについて書いたと思います。

英語が伝わったときの嬉しさについて書いたと思います。

指導内容 空所の想像の方法

文学作品に特有の空所について考える際には、他の場面の叙述を根拠にすることが大切です。第3次において取り組む活動も、叙述を離れた空想のものになってしまわないように配慮が必要です。「物語には書かれていないこと」を教師が作文例として提案し、それに対する否定を引き出し、他の場面の叙述と関連付けて考えることについて確認します。

5年・文学

「銀色の裏地」（光村）

【主な指導内容】 教材内容（◎）／教科内容（◆既出　◇新出）

◎理緒の心情の変化・人物同士の関係・理緒から見た高橋さんの人物像の変化・心情が読み取れる表現（◆行動・会話文・情景・心内語　◇対比的な表現・表情）
◇主題を考える手がかり（題名・印象的な言葉や出来事）

重点をおく指導内容①　心情が読み取れる表現

高学年の文学教材らしく，人物の心情が直接的ではない表現で描かれている。４年生までの既習事項を振り返ったり，確認したりしながら，多様な表現から心情が読み取れることへの気付きを促したい。１年生から繰り返し指導したい行動描写や会話文，心内語，中学年で扱う情景描写に加え，表情を表す表現や対比的な表現なども，心情が読み取れる表現であることを確かめたい。

重点をおく指導内容②　空所の効果

２場面の「なぜかすなおに喜べなくて，喜べない自分にもやもやした」や，３場面の「二人の後ろすがたを見送ることしかできなかった」など，その理由が書かれていない「空所」の存在が特徴的である。言葉にできない気持ちであるからこそ「空所」になっているのかもしれない，読み手の想像を膨らませるためかもしれない等，５年生なりに「空所の効果」を考えられるようにしたい。

重点をおく指導内容③　主題を考える手がかり

「雲の裏側は銀色にかがやいている」というテーマが，作品におけるさまざまな出来事を通して描かれている。クラス替えで仲良しの友達と分かれてしまったことの裏側，「これからだって，こうして遊べるよ」という発言の裏側，つんとした高橋さんの最初の印象の裏側，お母さんの発言の裏側など，題名と関連させながら考えることで，作品全体に流れるテーマについて話し合いたい。

単元を通して取り組む言語活動

—印象に残ったことを伝え合おう—

作品を読んで，強く印象に残ったことについて，考えをまとめた上で伝え合う活動である。

身近な学校生活場の出来事を扱った作品であり，多くの子どもが自分の経験を結び付けながら読むことができそうな題材である。初読後に「印象に残ったこと」を書く時間を設定すると，内容について共感する声が多数寄せられることが予想される。また，疑問に思った場面も挙げられるだろう。初読後に書いたものを交流した上で，この作品はどうしてこれほど読者の印象に残るのかという問いを共有し，単元を通して考えていこうと提案する。

印象に残ったところを挙げて話し合う中で，人物の心情がさまざまな表現で表されていること，空所の存在や空所の効果などについて確かめていきたい。

単元の流れ（全７時間）

第１次　①作品を読んで印象に残ったことを書き，交流する❶

第２次　②１場面を読み，印象に残ったところや気になったところについて話し合う❷

③２場面を読み，印象に残ったところや気になったところをまとめる❸

④２場面の印象に残ったところや気になったところについて話し合う。空所のよさや効果について考える❹❺

⑤３場面を読み，印象に残ったところや気になったところについて話し合う❻❼

⑥作品の中から，「銀色の裏地」という題名と関連すると考えられる出来事を探し，交流する❽

第３次　⑦強く印象に残ったことを友達と伝え合う

❶一番いいなと思った（心に残った）場面は？　（第1時）

三つの場面の中で、最も印象に残った場面とその理由を書きましょう。

2場面です。お母さんの天気についての言葉が気になっていて…。

3場面が印象に残っています。高橋さんは、どうして理緒をプレーパークに…。

指導内容　**内容理解**

まずは、作品全体が大きく三つの場面に分かれることを確認します。その上で、特に印象に残った場面を選び、その理由を書いて交流する活動を行います。どの場面にも、印象に残る出来事や印象に残る表現があること、また疑問に思うことがあることを共有し、各場面を読み合った上で、印象に残ったことをまとめるという単元の見通しを確認します。

❷今までに学習した文章との共通点は？　（第2時）

1場面の表現の中で、これまでに学習した物語文と共通していると言えるものはありますか？

作品の設定です。物語の最初にされる設定が興味を引く内容で、引き込まれました。

語り手は理緒の視点で語っています。行動や会話、心内語から気持ちが想像できます。

指導内容　**心情が読み取れる表現（表情）**

授業前半、1場面の中で特に印象に残ったところを話し合う中で、さまざまな叙述が挙げられます。それらの叙述の中に、既習教材と関連するものがないかを問うことで、既習事項の想起や学び直しを促します。作品冒頭に設定がされることや、語りの視点を整理したり、会話文や心内語に加えて、表情からも心情が想像できることを確認したりします。

❸一番いいなと思った（心に残った）場面は？（第3時）

2場面の中で、特に印象に残ったところや気になったところ、その理由をまとめましょう。

「なぜかすなおに喜べなくて」の部分が気になります。どうして理緒は…。

怒っているような、困っているような顔をしている理緒は、どんな気持ちなのだろう。

指導内容　**内容理解**

次時の話し合い活動に向けて、自分の考えをまとめる時間です。「1時間目に最も多くの人が2場面に着目していたから、今日は2場面をじっくり読む時間にしよう」と提案します。一単位時間というまとまった時間を確保し、自席で個人で考えるか、机を移動して協働で考えるかを選択制とするなど、自由度のある活動を設定します。

❹性格があまりよくないよね（第4時）

高橋さんについての発見を素直に喜べないなんて理緒って性格があまりよくないですよね。

いや、これは性格の問題ではないと思います。理緒は高橋さんを自分と比べてしまって…。

そういうことではなくて、本当は喜ばしいことなんだけれど、受け入れられないというか…。

指導内容　**内容理解（空所の解釈）**

明確に心情が書かれていない「空所」について、解釈を促す発問です。あえて「性格がよくないね」と不適切な解釈を提示してゆさぶることで、「いや、それは…」と否定しながら解釈を語り出すことを期待します。「なぜ喜べないのでしょうか？」と直接的に問われただけでは問題意識をもてない可能性がある場合に、こうした問いかけが有効です。

❺気持ちが書かれているとしたら？　（第4時）

「すなおに喜べなかったのは、…からかもしれない」と書かれていた方が分かりやすいですね。

いや、書かれていない方がいいです。書かれていないからこそ、読者は考えさせられます。

もやもやした心情って、そもそも言葉にできないからこそ、書かれていないのではないかな。

指導内容　空所の効果

「空所」があることのよさや効果、作者の表現意図について確認するための発問です。❹の発問を通して、理緒が素直に喜べなかった理由についての解釈を整理します。その上で、解釈の一つを例として取り上げ、「『うらやましい気持ちがあったからかもしれない』のように、はっきり書かれていた方がいいのではないか」とゆさぶります。

❻特に気になった表現は？　（第5時）

気になる部分の中で、みんなで話し合って、特に深めてみたいのはどれですか？

「見送ることしかできなかった」理由が、「空所」になっているので考えてみたいです。

高橋さんが「銀色の裏地」の話をした理由について、話し合ってみたいです。

指導内容　内容理解

３場面の中で、どの部分に焦点化して話し合いを進めていくかを決めるための発問です。教師が一方的に焦点化をするのではなく、子どもの思いを反映させた授業づくりを目指す上で有効な発問です。本時では、焦点化を子どもに委ねたとしても、指導したいことに関わる内容（❼の内容）への着目があることが予想されます。

❼直接的に書いてあった方がいいのでは？ （第5時）

高橋さんは「仲良しの友達とクラスが分かれて辛いね。でもいいことはきっとあるよ」と言ってあげた方がいいよね。

直接言葉にせず、ことわざで伝えるところが、この作品の優れたところなのではないかな。

「わたしの気持ちに気づいていたの」とあるので、励ましの気持ちは伝わっていると思うな。

指導内容　間接的な表現の効果

心情が間接的に表現されていることのよさや効果を考えたり、作者の表現意図を解釈したりすることを促す発問です。「銀色の裏地」ということわざを紹介することを通して、理緒を励まそうとする高橋さんの行動は、本作品でとても印象的なものです。励ましの言葉が直接語られる場合と比較する中で、本作品のよさや作者の思いなどを語り合います。

❽特に関係が深い場面は？ （第6時）

「銀色の裏地」という題名と関係がありそうな出来事や場面を探してみよう。

高橋さんの最初の印象が「雲」だとすると、本当の人物像は銀色に輝く雲の上かも…。

あかね、希恵の言葉も、実は「雲」に思えて、その裏側には、励ましの気持ちがあるから…。

指導内容　主題を考える手がかり

題名や印象的な出来事、印象的な言葉などを手がかりとすることで、作品の主題を考えられるということを確認するのがねらいです。「銀色の裏地」ということわざと、理緒の状況との関係について、前時の学習も振り返りながら整理をすることで、作品中のさまざまな出来事を通して、主題が表現されていることが見えてくるのです。

5年・文学

「おにぎり石の伝説」（東書）

【主な指導内容】 教材内容（◎）／教科内容（◆既出　◇新出）

◎人物の心情とその変化　◎物語における人物の役割　◇相互関係
◆心情を読み取る着眼点（行動・会話・心内語・場面の様子との関連）
◇心情を読み取る着眼点（暗示的な表現）
◇読み手を引き付ける場面転換

重点をおく指導内容①　心情を読み取る着眼点（暗示的な表現）

直接表現された気持ちを想像することに加えて，高学年では暗示的な表現も含む心情を捉える必要がある。例えば，「かたを落としながら，みんなでえがおに…」は，一見矛盾する気持ちが同居したように思える表現である。このような心情を表す表現への着目を促し，既習を生かして行動，会話，心内語などに立ち止まることで，人物の心情やその変化に迫りたい。

重点をおく指導内容②　物語における人物の役割

視点人物である「ぼく」（真）の行動や心情は詳しく描かれる一方で，「一成」は対象人物であるため，行動や心情を表す叙述は少ない。ただ，最終場面では，「ぼく」と「一成」とのやり取りから，「一成」が「ぼく」の変化に大きな影響を及ぼしていることが読み取れる。高学年で出合う文学的な文章では，登場人物の相互関係を捉えることも大切である。本単元で対象人物に注目する経験をしておきたい。

重点をおく指導内容③　相互関係

３場面の最後，「ちょっとお願いがあるんだけど」という会話文以降の「ぼく」と「一成」のやり取りは描かれておらず，空所となっている。空所には，想像を楽しんだり，その後の展開に興味を抱いたりすることを読者に促す効果がある。空所について，想像する活動を行うことを通して，「ぼく」と「一成」の相互関係を捉え直すきっかけとしたい。

単元を通して取り組む言語活動

―人物の心情を音読で伝えよう―

人物の心情やその変化を読み取った学習を受けて，特に気になった表現を中心に音読に取り組む。

「一番いいな」と思った場面を交流することで，それぞれの感じ方の違いに気付けるようにする。その上で，音読で人物の気持ちを表現したこれまでの学習を振り返り，「おにぎり石の伝説」で学んだことを生かして音読をしようと提案する。

繰り返し音読に取り組むことを通して，「ぼく」の心情が単純なプラスかマイナスかではなく複雑な要素を含んでいることや，少しずつ変化していくことへの気付きが期待できる。音読だけで細かな心情やその変化を全て表現することは難しい。そのため，音読の事前や事後に，「なぜこの部分を読むのか」「どんな心情を伝えようとしたか」など，音読箇所を選んだ理由や意図を伝え合う機会を設けたい。

単元の流れ（全５時間）

第１次　①これまでの物語文の学習を通して，学んできたことについて振り返る。全文を読み，一番いいなと思った場面を交流するとともに，単元の学習についての見通しをもつ❶❷

第２次　②行動や会話文などの心情を読み取る着眼点をもとに，「ぼく」の心情とその変化を捉える❸❹

③石に関する叙述に注目し，「ぼく」の感じ方や考え方の変化について話し合う❺❻

④場面と場面の間の空所に目を向けることで，人物の相互関係を捉える❼

第３次　⑤これまでの学習を生かして音読に取り組むとともに，互いの音読を聞き合い，感想を交流する❽

❶一番いいなと思った（心に残った）場面は？　（第1時）

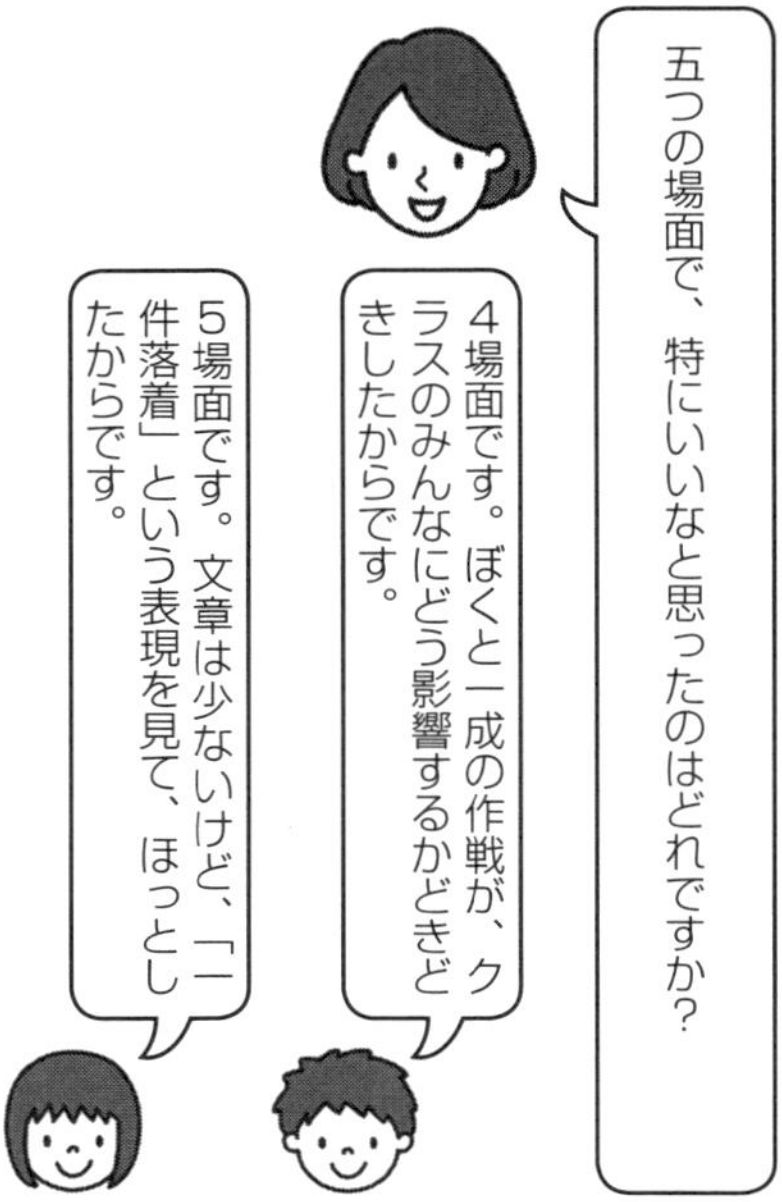

五つの場面で、特にいいなと思ったのはどれですか？
4場面です。ぼくと一成の作戦が、クラスのみんなにどう影響するかどきどきしたからです。
5場面です。文章は少ないけど、「一件落着」という表現を見て、ほっとしたからです。

指導内容　**内容理解**

作品の大まかな内容を捉えることが目的の発問です。まず、全文を通読後、五つの場面の内容を振り返ります。その上で、最も心に残った場面を選び、理由をノートに書くように伝えます。一人一人の感想を交流しつつ、それぞれの場面の内容について、板書で整理しながら確認します。話し合われた内容については、次時以降でも話題にしていきます。

❷別の表現だとしたら？　（第1時）

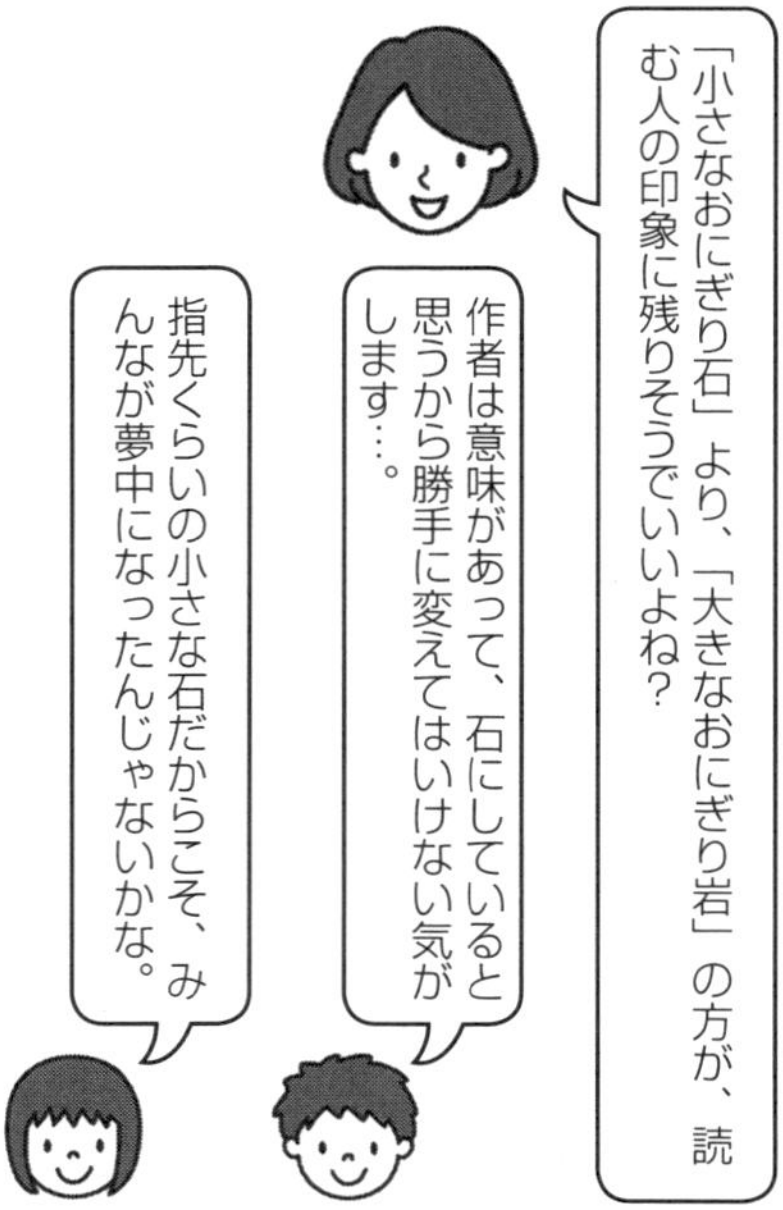

「小さなおにぎり石」より、「大きなおにぎり岩」の方が、読む人の印象に残りそうでいいよね？
作者は意味があって、石にしていると思うから勝手に変えてはいけない気がします…。
指先くらいの小さな石だからこそ、みんなが夢中になったんじゃないかな。

指導内容　**内容理解**

物語で重要な役割を果たす「もの」への着目を促す発問です。❶の発問に対する話し合いで出された「おにぎり石」に関する発言を受けて発問します。「おにぎり岩」では、物語の展開や心情の変化は全く違うものになりそうです。教師がおかしな考えを提示し、その否定を促すことで、本来の表現であるべき理由について話し合います。

❸特に気持ち（様子・性格）が分かる文は？（第2時）

ぼくの会話文や行動で、特にぼくのプラスの気持ちが分かる文はどれかな？

「うっかりむねをおどらせた」から、おにぎり石に興味をもっていることが分かります。

最後の、「パンとたたいて」は、読んでいるこちらまで爽快な気持ちになりました。

指導内容　心情を読み取る着眼点

登場人物の心情理解を促す発問です。行動や会話文、心内語や情景など、4年生までにさまざまな「心情を読み取る着眼点」を学んできています。本教材は、高学年で最初に学習する物語文です。既習の着眼点について、改めて整理したり確認したりしたいところです。ちょっとした言葉に立ち止まって考えることの大切さを実感できるようにします。

❹普通は、○○だよね？（第2時）

「かたを落とし」と「えがお」は合わないですよね。「えがお」を「暗い表情」に変えてもいい？

「えがお」を変えてしまうと、その後の「くすくす笑って」と合わなくなってしまいそう。

みんな、ぼくと同じで「がっかり」と言いながらも、心のどこかで安心していたと思います。

指導内容　行動と心情の不一致

登場人物の行動と心情とが一致しない場合があることについて、確認するための発問です。❸で4場面後半に関する発言が出た場合には、それを受けて右の発問をします。高学年であれば、内面の感情を表に出さないという経験をしたこともあるでしょう。自分自身の経験も想起しながら、このときのぼくの心情を捉える姿が見られるかもしれません。

❺特に気になった表現は？　（第3時）

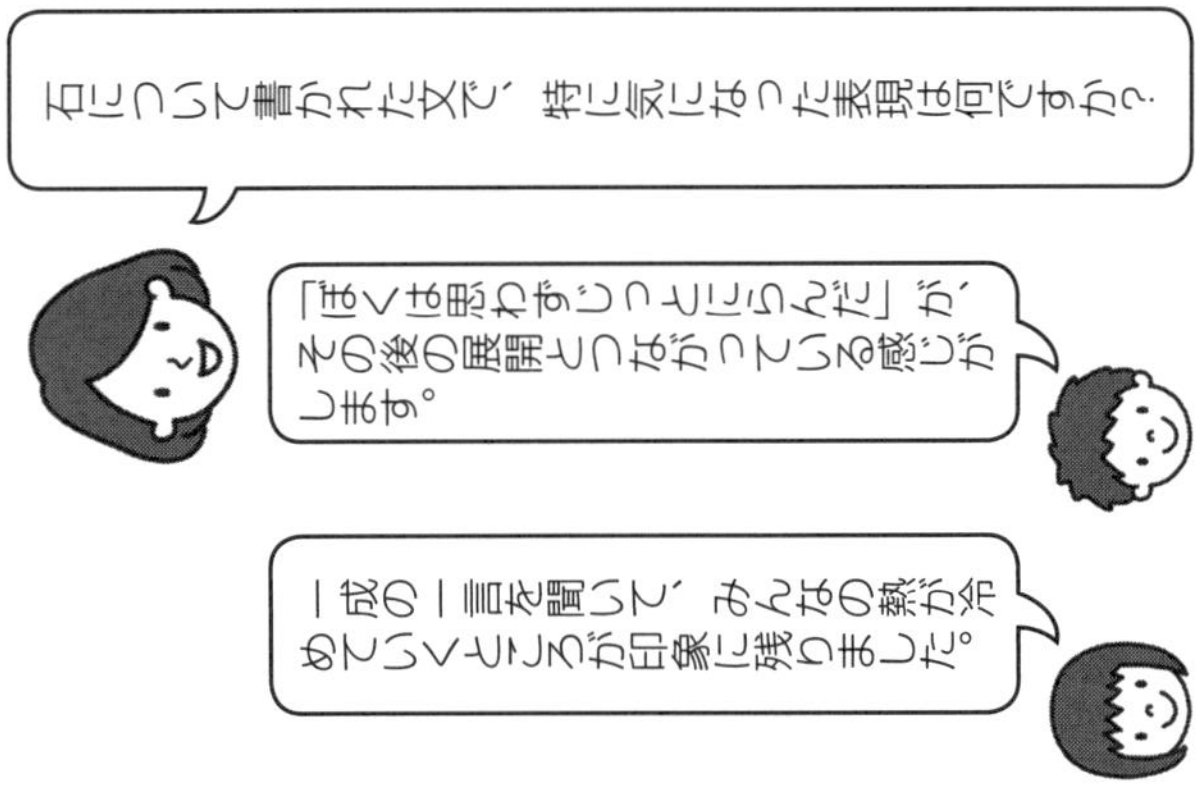
石について書かれた文で、特に気になった表現は何ですか？
「ぼくは思わずじっとにらんだ」が、その後の展開とつながっている感じがします。
一成の一言を聞いて、みんなの熱が冷めていくところが印象に残りました。

指導内容　**内容理解（心情の変化）**

重要な役割を果たす石に関する叙述に着目して、心情の変化を捉えることを促す発問です。「『おにぎり石伝説』に…うっかりむねをおどらせた」から、「ぼくたちのおにぎり石伝説は終了」まで、センテンスカードを提示し、特に気になった表現について話し合います。話し合う中で見えてくる心情の変化について、板書で整理するようにします。

❻どちらでしょうか？　（第3時）

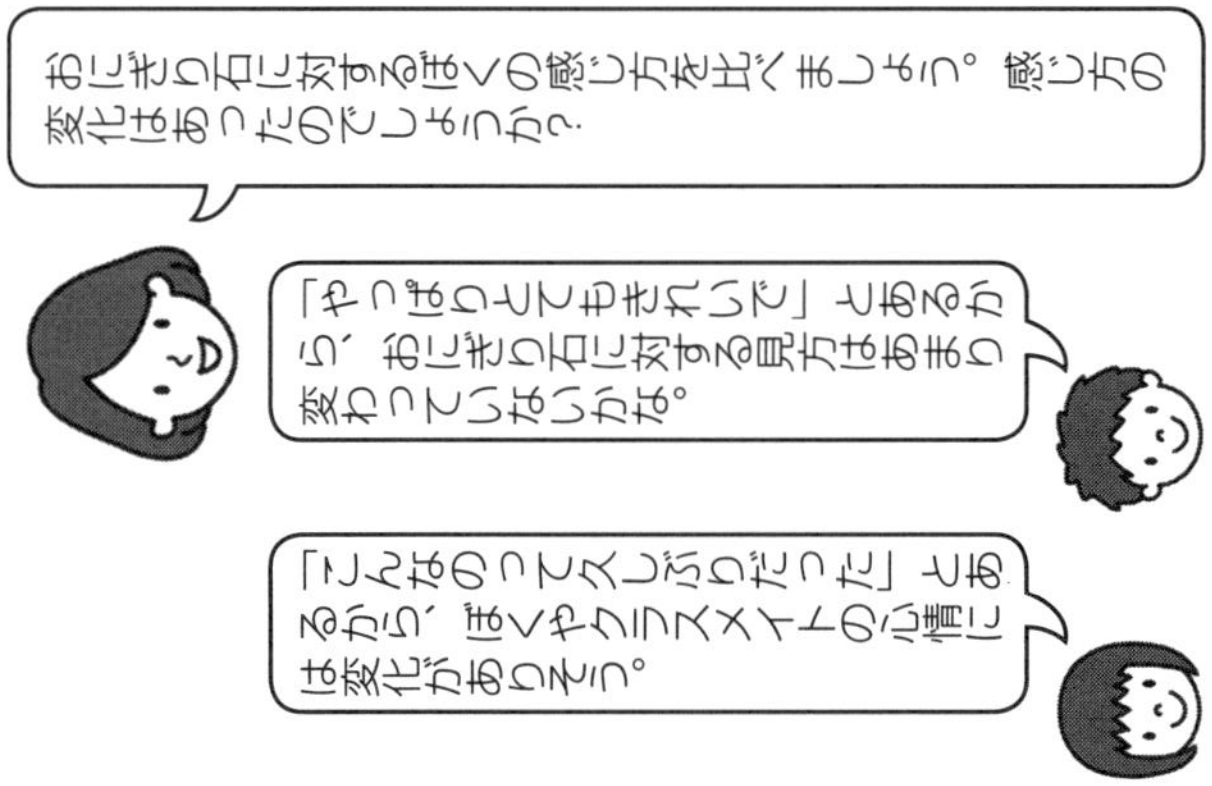
おにぎり石に対するぼくの感じ方を比べましょう。感じ方の変化はあったのでしょうか？
「やっぱりとてもきれいで」とあるから、おにぎり石に対する見方はあまり変わっていないかな。
「こんなのって久しぶりだった」とあるから、ぼくやクラスメイトの心情には変化がありそう。

指導内容　**内容理解（心情の変化）**

心情の変化が表現される一方で、変わらないものもあることへの気付きを促す発問です。❺について交流した後、4場面最後の「おにぎり石は、やっぱり…」というセンテンスカードを提示して発問します。物語を通して、石に変化はなく、変わったのはぼくの考え方やクラスの雰囲気です。変わるものと変わらないものを対比して捉えられるようにします。

❼会話文・心内語があるとしたら？

（第4時）

3場面の最後「ちょっとお願いがあるんだけど」の後、ぼくと一成はどんな会話をしたでしょう？

この後、クラスのみんなを連れてきてどんな演技をするかを話し合ったと思います。

初めはむっとしていたのに、一成にお願いするんだから、信頼する気持ちがあったのかも。

指導内容　登場人物の相互関係

場面転換時の空所に目を向けることで、人物の相互関係を捉えることを促す発問です。ぼくからの協力のお願いを、一成はどのように受け止めたのでしょう。初めは渋々だったのでしょうか、それとも二つ返事で快諾だったのでしょうか。4場面の一成の演技は大成功と言えます。空所の想像を通して、ぼくと一成の関係を見直します。

❽特に気になった表現は？

（第5時）

特に印象に残った表現を中心に、心情が伝わるように音読してみましょう。

ぼくの不安やもやもやが伝わるように、前半を音読したいな。

一成とぼくの関係が伝わるように、4場面の後半を読みたいな。

指導内容　学習内容の活用

これまでの学習を振り返るとともに、学んだことを音読表現に生かします。まずは、「心情とその変化」「相互関係」などについて学習してきたことを振り返ります。その上で、心情が変化していることや、ぼくと一成との関係性など、捉えたことを踏まえて音読する活動を提案します。音読を聞き合った感想などを交流する活動も行います。

6年・文学

「ぼくのブック・ウーマン」（光村）

【主な指導内容】教材内容（◎）／教科内容（◆既出　◇新出）

◎中心人物のものの見方や考え方の変化

◆中心人物の変容を捉える着眼点（きっかけ）

◆視点（一人称視点）

◇自分の読書経験と重ね合わせながら読むこと

重点をおく指導内容①　中心人物の変容

一人称視点で物語を進めているカルの変容を捉え，何がきっかけで，どう変わったかを把握できるようにする。カルは，本に書かれている字を「ニワトリの引っかいたあとみたいな文字」としか認識していなかったが，ブック・ウーマンの姿から何かを感じ取り，「本」に対する見方を変えていった。そんな変容の過程やきっかけを捉え，他の教材を読むときの視点を得られるようにしたい。

重点をおく指導内容②　自身の経験と重ね合わせながら読むこと

この物語の中で描かれているカルのように，「読書」という行為が，自分にとって特別なものに変わったという経験をもつ子どもは，少なからずいるだろう。もちろん，全ての子どもが経験したわけではないかもしれないが，読書をするという行為が，自分にとって特別なものに変わったという経験を引き出し，カルと重ね合わせながら考える機会をもてるようにしたい。

重点をおく指導内容③　一人称視点の効果

一人称視点については，５年生の「たずねびと」，６年生の「帰り道」で学習している。語り手ではなく，中心人物・カルが自ら語り進めていく物語の展開に着目し，どのような効果があるのかを考える機会を設定していきたい。カルの心の内をつかみやすいという教材の特性を生かしながら，劇中における中心人物の変化を捉えられるようにしたい。

単元を通して取り組む言語活動

―気になる翻訳作品を読み，魅力を伝えよう―

本教材は翻訳作品である。この活動では，これまで読んだことのない翻訳作品にふれ，その魅力について書評をまとめるという取り組みをする。

この教材が翻訳作品であることを確認した上で，これ以外にもどんな翻訳作品があるかを紹介する（ここでは，いくつかの作品をピックアップし，紹介できるように整えておく）。こちらが翻訳作品をいくつか紹介する中で，自分が読んでみたいと思う作品を選び，その魅力を書評としてまとめることを提案する。

自分が選んだ作品を読み，その作品の特徴をつかむ中で，「ぼくのブック・ウーマン」との共通点や相違点を考えつつ，その物語の中での中心人物の変容や，変容のきっかけが何だったのかを捉えられるようにしたい。

単元の流れ（全５時間）

第１次　①題名読みを行う。「ブック・ウーマン」が何を指すのかを共有した後，本が自分にとってどんなものになっているかを考える。物語を読み，感じたことを交流する❶❷

第２次　②③一人称視点であることを確認し，カルの「ブック・ウーマン」や「本」に対する捉え方が，どこで・どのように変化しているかを考える❸❹❺❻❼

第３次　④カルの変化を自身の読書経験と重ね合わせて捉え直す❽

⑤他の翻訳作品を読み，「ぼくのブック・ウーマン」と比較しながら書評を書く

❶一番いいなと思った（心に残った）場面は？（第1時）

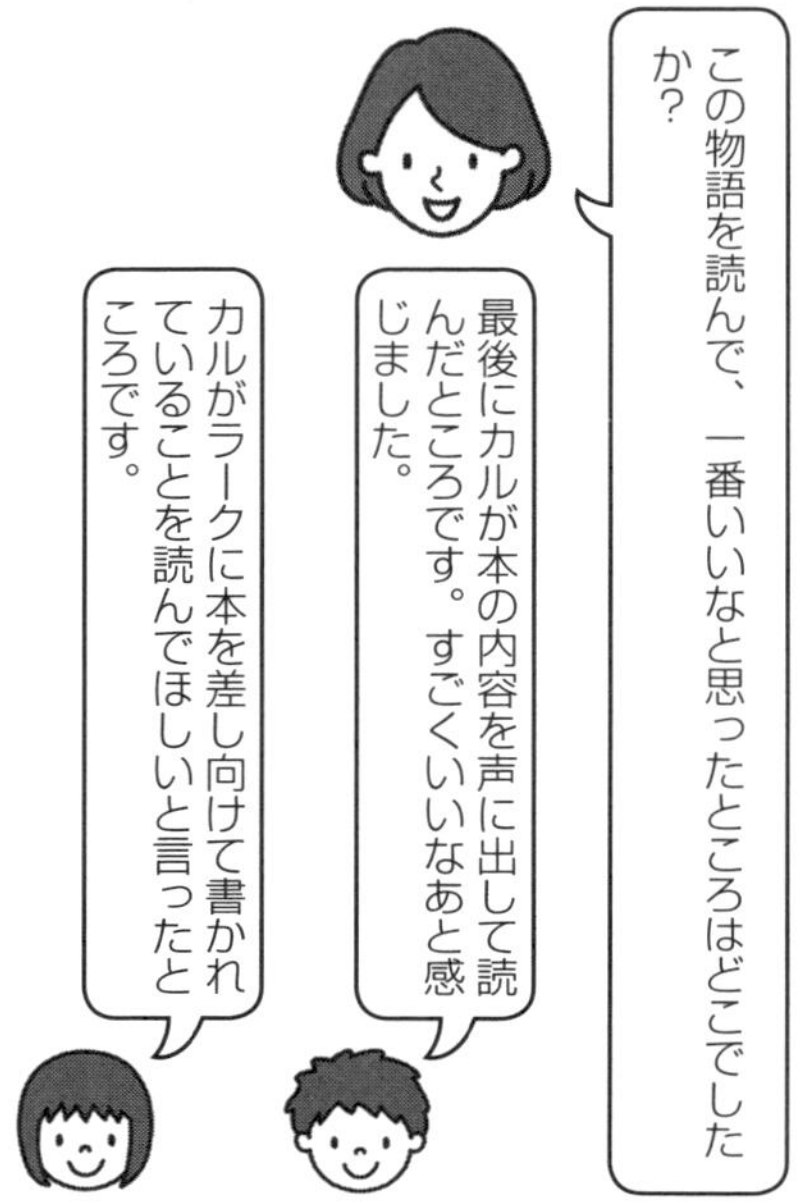
この物語を読んで、一番いいなと思ったところはどこでしたか？
最後にカルが本の内容を声に出して読んだところです。すごくいいなあと感じました。
カルがラークに本を差し向けて書かれていることを読んでほしいと言ったところです。

指導内容　**内容理解**

物語を読んで感覚的に感じていることを交流し、そのよさを話し合うための発問です。きっと「一番いいな」と感じるところは、それぞれで異なるはずです。ここではその「違い」を皮切りに、物語の印象や、魅力について率直に語り合うことができるとよいでしょう。そうした交流の場が、より深く読んでみたいと思うきっかけを生むことになります。

❷特に重要な人物は？（第1時）

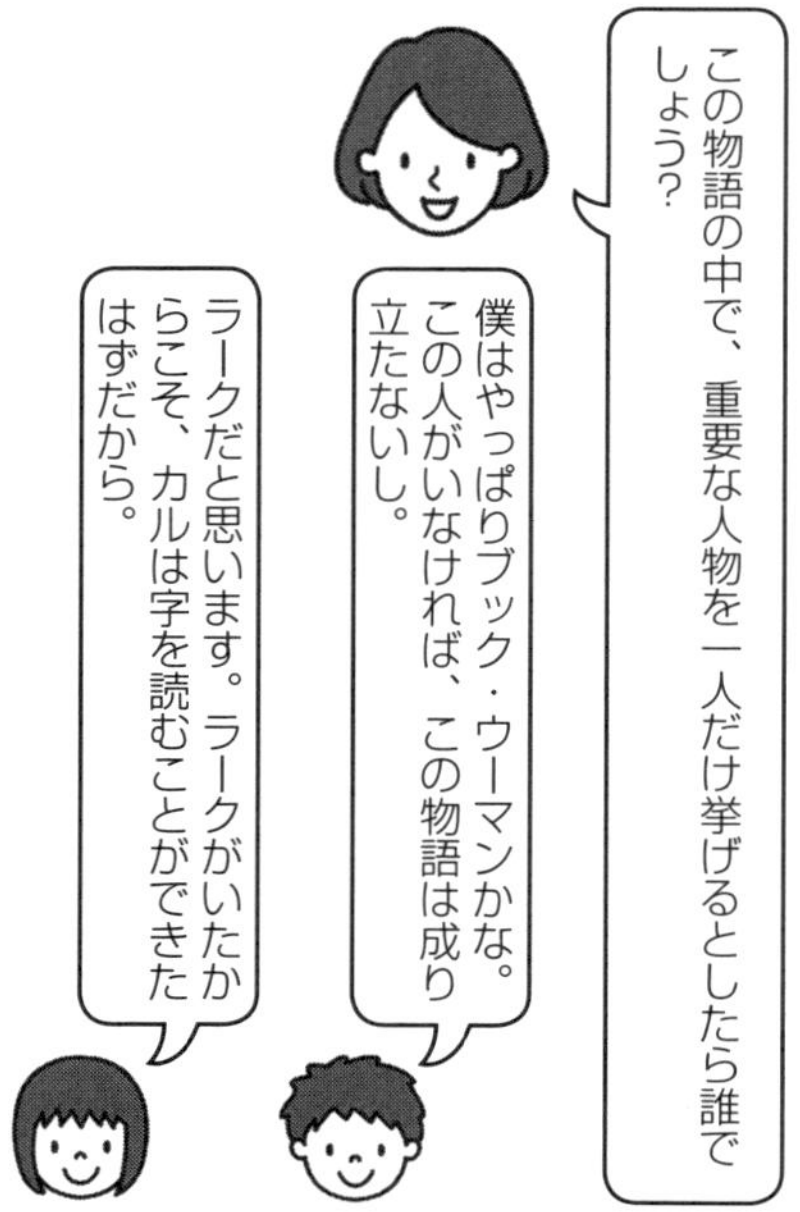
この物語の中で、重要な人物を一人だけ挙げるとしたら誰でしょう？
僕はやっぱりブック・ウーマンかな。この人がいなければ、この物語は成り立たないし。
ラークだと思います。ラークがいたからこそ、カルは字を読むことができたはずだから。

指導内容　**内容理解**

この物語の中で、重要な鍵を握っている登場人物が誰かを考えることで、一歩踏み込んで物語の内容を理解しようとする意識を引き出す発問です。ここでは、重要な人物が誰かを決めることが目的ではありません。重要な人物が誰かを議論することで、カルの変容が生まれるきっかけが何だったのかに目を向けられるようにすることが目的です。

❸今までに学習した文章との共通点は？　（第2時）

これまで学習してきた物語文で、似ているものはありますか？

「帰り道」が似ていると感じました。この物語も一人称視点だと思ったからです。

「たずねびと」かな。「たずねびと」は綾の視点で、これはカルの視点から描かれている。

指導内容　視点（一人称視点）

これまで学習した教材を振り返って、既習事項とのつながりを考える発問です。もちろん、子どもからは、内容面で共通するものも挙がるでしょう。ただ、ここでは、物語の描かれ方への着目を促すために、補助発問として「これまで読んできた物語文の中で似ている描かれ方をしていたものは何かな？」と問いかけるのもよいでしょう。

❹続きがあったとしたら？　（第2時）

この物語に続きがあったとしたら、どんな展開になると思いますか？

カルが自由自在に字を読めるようになって、本を読む時間が大好きになるという展開かな。

本を読むのが好きになったカルが、ラークと一緒に読書する時間を楽しむ…みたいな感じ。

指導内容　内容理解（物語の展開）

作品の中で起こった出来事をもとに、読み取ったことを再構成し、物語の内容を捉え直す発問です。続きがどうなるかを考え、予想し、交流する場を設けることで、さらに興味をもって読んだり考えたりしようとする意識を引き出せるようにしたいところです。ただし、勝手な想像をさせるのではなく、物語の展開に即して考えられるように促しましょう。

❺気持ちが書かれているとしたら？（第2時）

最後の一文の後に、カルの気持ちが書かれているとしたら、どんな文章を書き加えますか？

「ぼくの心は、とても晴れやかだった」という文章を入れると思います。

「なんだかうれしい気持ちになった」という文章を入れるかもしれないな。

指導内容 **内容理解（中心人物の心情）**

大きくプラスの方向へ変わったカルの心境を捉える発問です。カルの心情がどう変わったのかを考える活動になるため、子どもがカルの変化を的確に捉えて表現できているかを見取ることができるでしょう。また、同じような表現であっても、微妙な違いはあるはずです。どうしてそう考えたのか、根拠となる叙述も含めて確認するようにしましょう。

❻特に関係が深い場面は？（第3時）

カルの変化に最も影響を与えた瞬間はどこだと思いますか？

雪が降っていた日に、ブック・ウーマンが本を届けに来てくれたのが一番影響を与えた瞬間だと思います。

私は、その中でもブック・ウーマンが泊まるのを断った瞬間だと思いました。

指導内容 **内容理解（変容のきっかけ）**

中心人物カルが変容するきっかけを捉えるための問いかけです。「最も影響を与えた瞬間」がどこだったのか、ポイントを絞って考えることで、カルの変化を捉えることができます。ここで重要なのは、「どの瞬間か」を問うということです。なるべく限定して考えるように促すことで、考えのずれを表面化させ、議論を活性化できるようにしましょう。

❼特に気になった表現は？　（第3時）

カルが変化した瞬間を捉えた一文は、どれだと思いますか？

「いろんな考えが、ぼくの頭の中を…」のところです。カルが、深く考え始めているからです。

「とつぜん、ぼくは…」のところが変化し始めた瞬間だと思いました。

指導内容　叙述と内容の関連付け

中心人物として描かれているカルの中で起こった変化を捉えるための発問です。どこで変わり始めたのか、その瞬間がどこなのかを考え、意見交流をすることで、カルの心情の変化を読み解き、より一層物語の内容理解を深めることができるでしょう。また、変化の前後で、何がどのように変わっているのかをはっきりさせておくことも大切です。

❽読者としては？　登場人物だったら？　（第4時）

もしもあなたがカルだったら、同じところで、同じような心境の変化はあったと思いますか？

あったと思う。ブック・ウーマンの姿を見たら、自分もカルと同じ気持ちになると思います。

あったと思うけど、私はカルよりも、もっと遅いタイミングだったかもしれない。

指導内容　自分の経験に引き付けて考えること

カルの視点に立ち、カルに自分を重ねながら読むことを促す問いかけです。自分と本との関係性や自分の読書経験を振り返ることで、物語の内容を自分ごととして捉えられるようにするのがねらいです。また、カルに同化しながらブック・ウーマンの姿を捉え直すことで、カルの変化の起点となった箇所を自分なりに読み深めることができるでしょう。

6年・文学

「さなぎたちの教室」（東書）

【主な指導内容】 教材内容（◎）／教科内容（◆既出　◇新出）

◎視点人物（谷さん）の人物像を捉えながら読む
◆心情を読み取る着眼点（行動・会話・心内語・情景）
◆視点（一人称視点）
◆主題の読み取り方（題名の付け方・象徴・朗読）

重点をおく指導内容①　視点人物の人物像

本教材は，谷さんの視点から描かれた作品であることから，文章の語り全てが人物像に関わっているとも言える。さまざまな叙述を根拠にしながら，視点人物の人物像を捉えることができるようにしたい。また，作品の設定（時・場所・人物・出来事）を確認していく上でも，それらは視点人物である谷さんの目と心を通して語られていることを押さえたい。

重点をおく指導内容②　心情を読み取る着眼点

登場人物の心情は，「行動描写」「会話文」「心内語」「情景描写」などの叙述から読み取れることを指導する。既習の内容であるが，「わたし」（谷さん）という一人称で語られる文章であることから，これまで学んできた教材との文体の違いも味わいながら，改めて指導したい内容である。また，ある場面だけを取り上げるのではなく，作品全体を通しての心情の変化まで捉えられるようにしたい。

重点をおく指導内容③　主題の読み取り方

「作品を通して作者が伝えたいこと」（作品の主題）を，読者としてどのように捉えることができるかを話し合いたい。主題は一つの正解に集約されることはない。各々の着眼点で自分なりの「主題」をつかむことができるように促したい。また，主題の読み取り方を明示的に指導することも重要である。「題名」や「人物の変容」「結末」など，主題を考える上での多様な着眼点についても整理したい。

単元を通して取り組む言語活動

―舞台の台本づくりをしよう―

教科書の学習の手引きに示されている朗読の言語活動を，アレンジした活動である。朗読という技能面だけに依るのではなく，全員が自分なりの読みを表出できるように工夫したい。

単元の導入では，舞台監督になるという架空の役割を設定することで，舞台俳優に対してどのように文章を朗読してほしいと伝えるかを問うてみたい。そうすることで，内容を深く読み取る必然性が生まれてくると考える。

舞台監督として，俳優に役を演じてもらうには，その「人物像」や「心情の変化」，聴衆に伝えたい作品の思いを明確にしていく必要が生じる。それらは全て本教材の指導内容につながるものである。舞台監督という架空の役割を設定することによって，読みの必然性を生み出すことを期待できる言語活動である。

単元の流れ（全７時間）

第１次　①作品の設定を捉えながら読む❶

②「わたし」（谷さん）の視点から物語が語られていることを捉えるとともに，谷さんの性格や心情が表れているところをもとに人物像をまとめる❷❸

第２次　③対象（松田君，高月さん）に対する「わたし」（谷さん）の心情が表れている叙述に着目して読む❹

④「わたし」（谷さん）の変容を捉えながら読む❺

⑤結末の意味について考える❻

⑥作品の主題について話し合う❼

第３次　⑦舞台監督として台本を作ったり，実際に演じたりしながら作品を味わう❽

❶一番いいなと思った（心に残った）場面は？　（第1時）

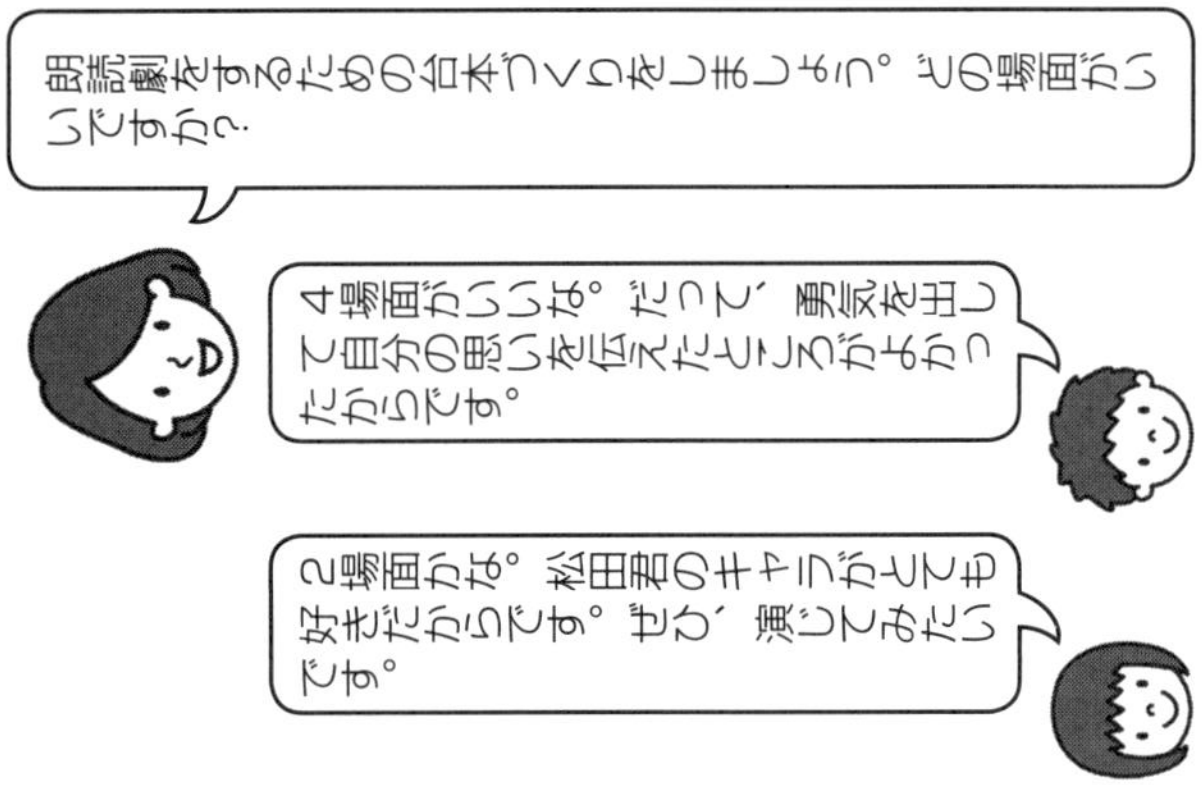
朗読劇をするための台本づくりをしましょう。どの場面がいいですか？
4場面がいいな。だって、勇気を出して自分の思いを伝えたところがよかったからです。
2場面かな。松田君のキャラがとても好きだからです。ぜひ、演じてみたいです。

指導内容　内容理解（作品の設定）

「いつ・どこで・誰が・何をした」と直接問うのではなく、言語活動に取り組みながら作品の設定に迫ります。やってみたい場面を選択し、その理由を話し合う中で作品の設定を確認します。「もし、劇をするなら何が必要？」などと補助的な発問をすることで、より具体的に作品の設定を整理します。

❷今までに学習した文章にない新発見は？　（第2時）

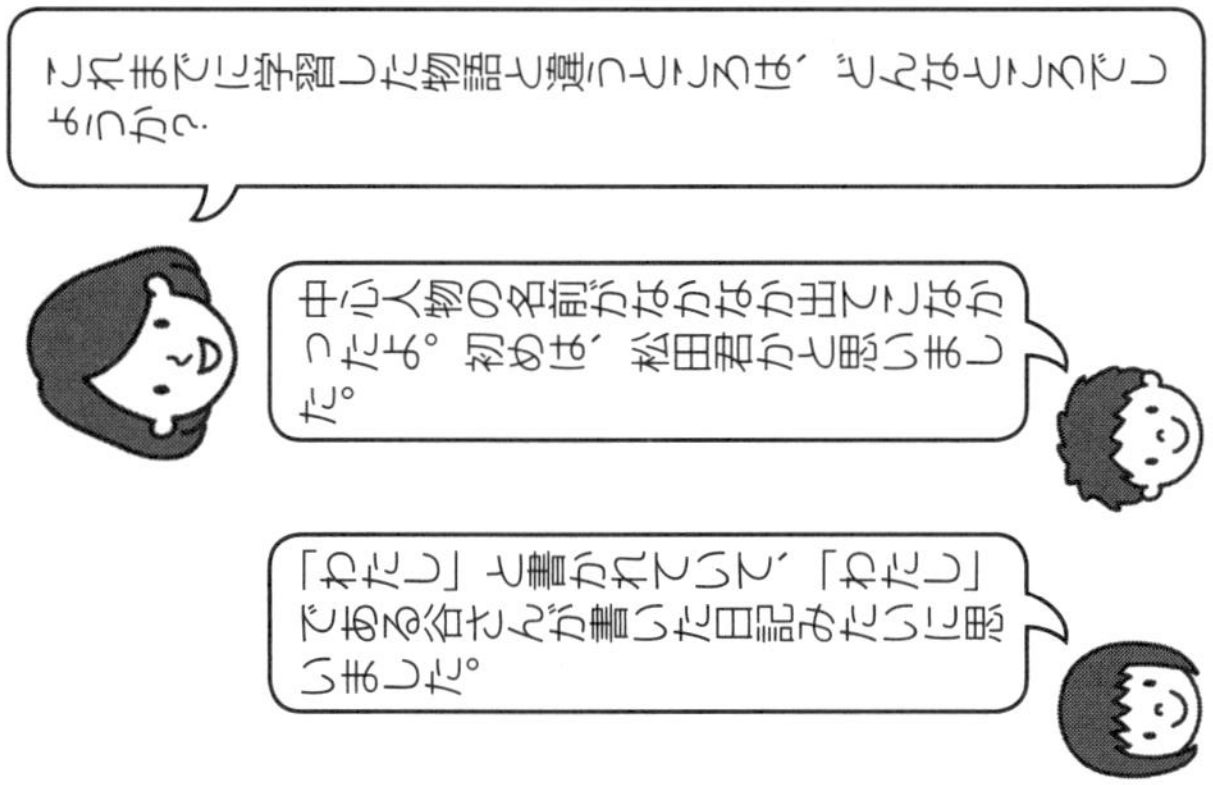
これまでに学習した物語と違うところは、どんなところでしょうか？
中心人物の名前がなかなか出てこなかったよ。初めは、松田君かと思いました。
「わたし」と書かれていて、「わたし」である谷さんが書いた日記みたいに思いました。

指導内容　視点・語り手

「わたし」（谷さん）による一人称視点の語りとなっていることを確認するのが一番のねらいです。一人称の語りのよさは、視点人物の心情に自然に同化して、作品を読み進めることができることです。視点について確認する際には、一人称視点と三人称視点との違いや、それぞれの視点がもたらす効果などについても、話し合うことができるようにします。

❸特に気持ち（様子・性格）が分かる文は？　（第2時）

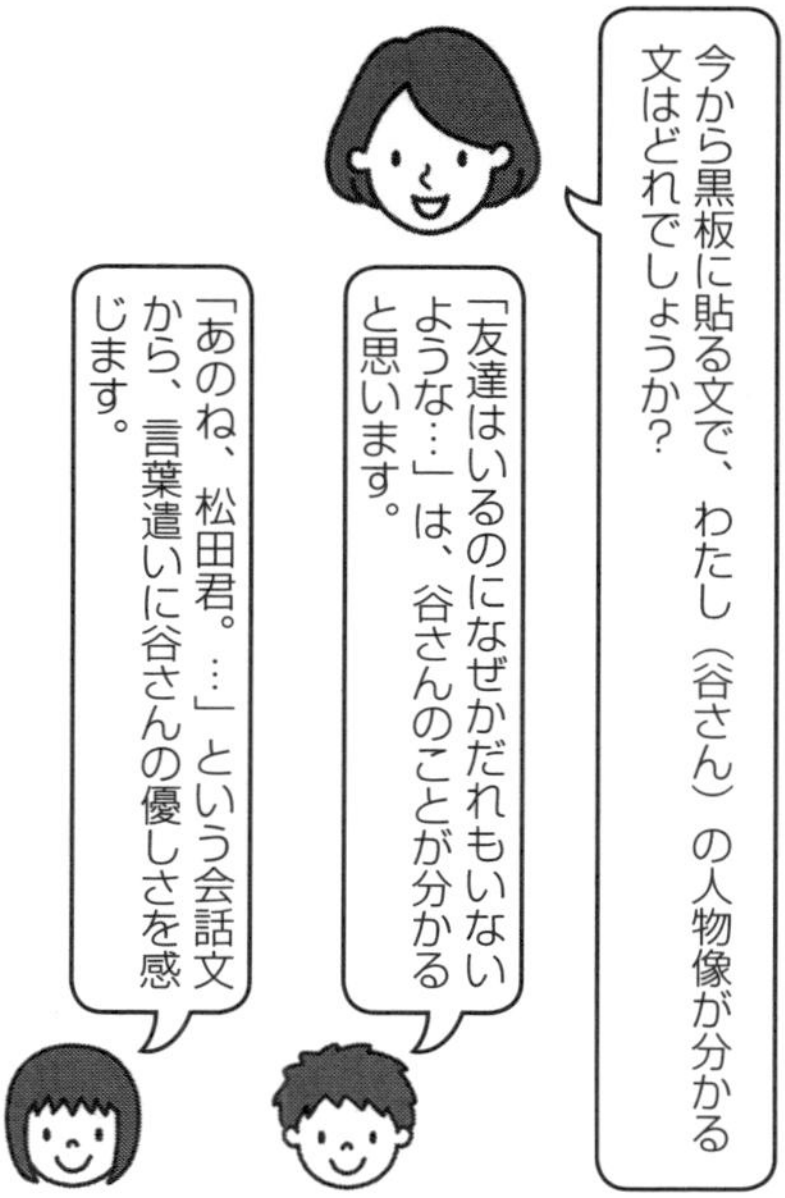
今から黒板に貼る文で、わたし（谷さん）の人物像が分かる文はどれでしょうか？
「友達はいるのになぜかだれもいないような…」は、谷さんのことが分かると思います。
「あのね、松田君。…」という会話文から、言葉遣いに谷さんの優しさを感じます。

指導内容　**内容理解（人物像）**

人物像について話し合い、人物像を捉える着眼点について確認するのがねらいです。まず、1場面における「心情描写」「会話文」「行動描写」「情景描写」などの表現をセンテンスカードにして提示します。こうした表現から人物像が読み取れることを確認した上で、2場面以降は、これらに目を向けながら、個人で読み進める時間を設定します。

❹特に重要な人物は？　（第3時）

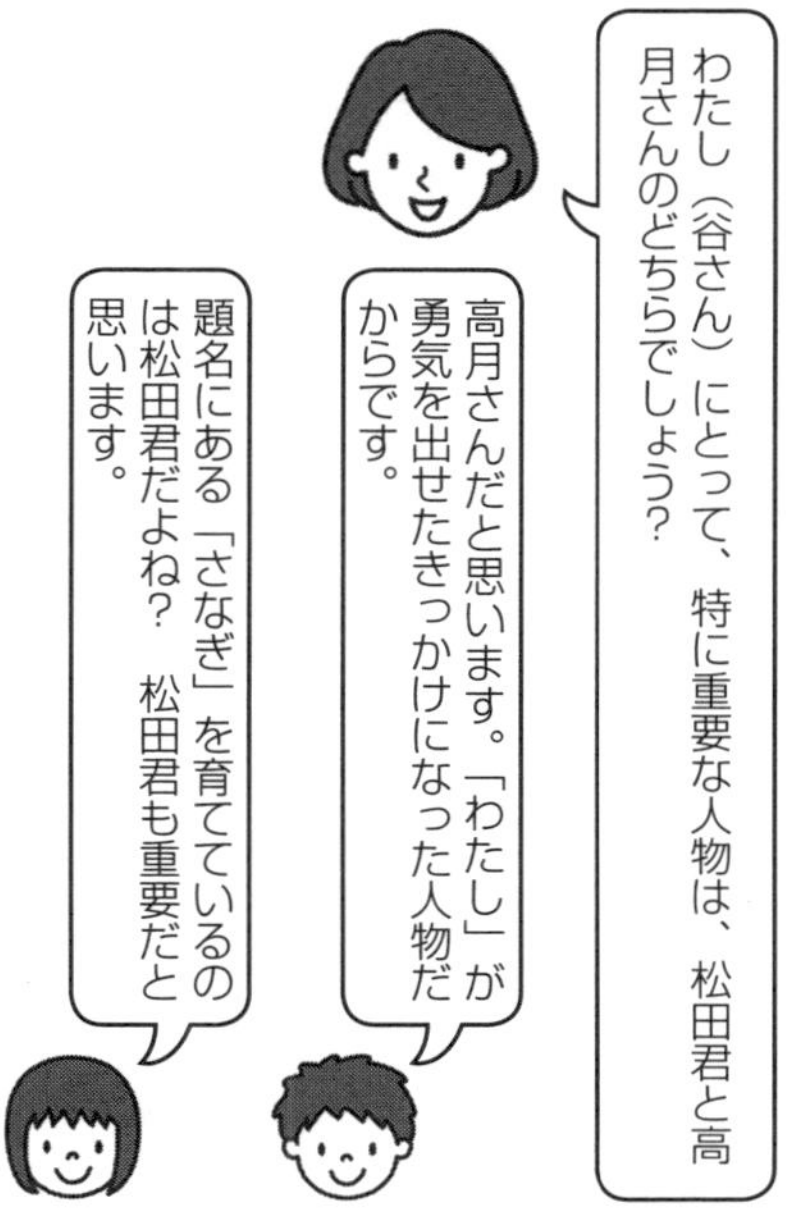
わたし（谷さん）にとって、特に重要な人物は、松田君と高月さんのどちらでしょう？
高月さんだと思います。「わたし」が勇気を出せたきっかけになった人物だからです。
題名にある「さなぎ」を育てているのは松田君だよね？　松田君も重要だと思います。

指導内容　**内容理解（人物の関係）**

松田君や高月さんに対する、わたし（谷さん）の見方や考え方、心情の変化を話し合うための発問です。どちらかに決着をつけることは目的ではありません。選んだ理由や、考える手がかりとした表現を交流する中で、わたしと二人との関係について、整理することが目的です。根拠として挙げられた叙述を整理し、登場人物の相互関係に迫っていきます。

❺別の行動描写だとしたら？（第4時）

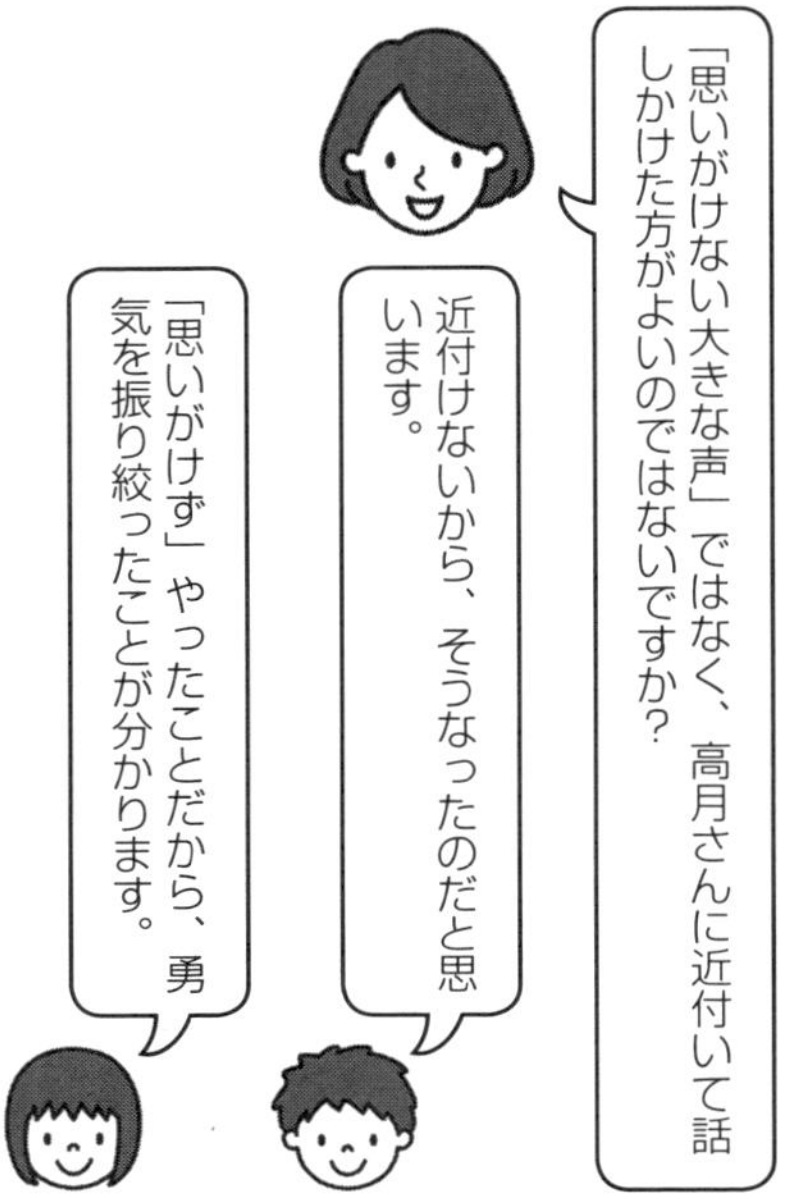
「思いがけない大きな声」ではなく、高月さんに近付いて話しかけた方がよいのではないですか？
近付けないから、そうなったのだと思います。
「思いがけず」やったことだから、勇気を振り絞ったことが分かります。

指導内容 **内容理解（人物の変容）**

異なる表現を提示することで、人物の心情を間接的に問いかける発問です。「どのような気持ちでしたか？」と直接問うこともできますが、右のように別の行動を提示して問うことで、人物がそのように行動した理由を、意欲的に考える子どもの姿が期待できます。教師の提案への否定の感情は、意見を言いたいという思いを引き出します。

❻別の行動描写だとしたら？（第5時）

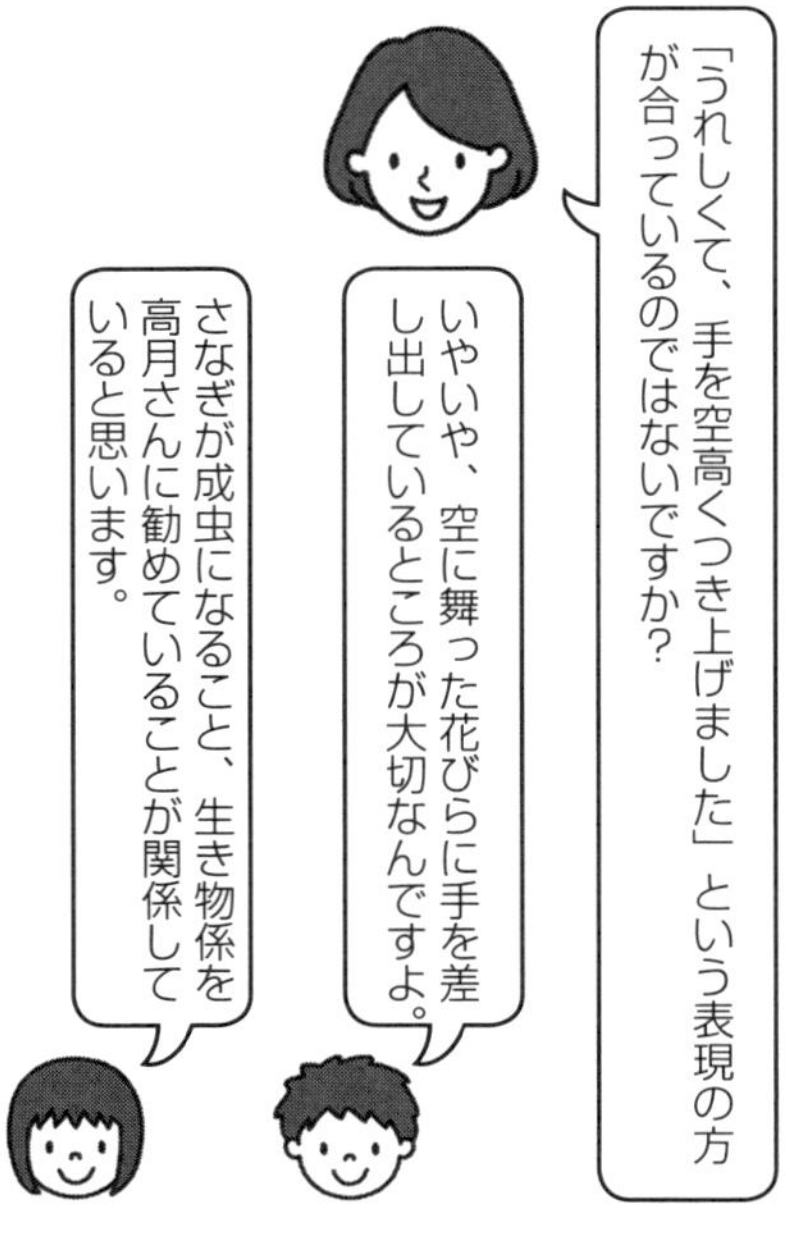
「うれしくて、手を空高くつき上げました」という表現の方が合っているのではないですか？
いやいや、空に舞った花びらに手を差し出しているところが大切なんですよ。
さなぎが成虫になること、生き物係を高月さんに勧めていることが関係していると思います。

指導内容 **結末の意味や効果**

これまでの学習内容に加えて、題名が意味することや、結末の効果への着目を促すための発問です。あえて、おかしな表現を提示することで、叙述への注目を高め、その意味や効果に対する考えを引き出します。話し合う過程で、題名が「さなぎたちの教室」となっている意味や効果、結末が読み手に与える影響についても取り上げていきます。

❼一番大事な文（挿絵）は？（第6時）

この物語を象徴するようなキーワードは何でしょうか？

やっぱり「さなぎ」ではないでしょうか。題名にも最後の場面にも出てきています。

「花びら」はどうですか？　花びらを見てお話が始まり、手を差し出して終わっています。

指導内容　**内容理解（作品の主題）**

いきなり作品の主題を問うのではなく、段階的に作品の核心に迫ることが大切です。まずは、右の発問で、作品を一言で表すようなキーワードを考えることを促します。この発問を通して導き出したキーワードを拠り所として、読み手として解釈した「作品に込められた思い」について、じっくり考えられるようにしていきます。

❽一番いいなと思った（心に残った）場面は？（第7時）

これまでの学習を通して、もう一度、好きな場面を選ぶとしたらどこを選びますか？

僕は、主題が最も表れていると感じる４場面を選びたいと思います。

私は、１場面を選びます。結末の面白さを引き出す大事な場面だと思うからです。

指導内容　**読みの自覚化（考えの形成）**

第１時で問うたことを、単元の終わりにもう一度問いかけます。第１時での自身の考えが、どのように変化したのかを振り返ります。選んだ場面がなぜ変わったのか、同じ場面を選んだとしても、理由はどのように変わったのか…。読みの変容についての自覚を促し、自身の読みを台本づくりに生かすことができるようにしていきます。

6年・文学

「模型のまち」（東書）

【主な指導内容】 教材内容（◎）／教科内容（◆既出　◇新出）

◎広島の原爆投下の事実　◎原爆ドームと周辺地域の様子
◆表現の方法と効果（題名・繰り返し・情景描写など）
◆主題（作品を通して伝えたかったこと）

重点をおく指導内容①　物語の全体像

本教材を読んでいく上で，全体像をつかむことは重要である。教科書では，作品が八つの場面に分けられており，それぞれの場面が現在と過去どちらの話なのかを整理する必要がある。まずは場面ごとで大まかに捉え，そこから時間の経過を手がかりに細部に焦点を当てて追っていく。そうすることで，題名や構造など，作品に散りばめられたさまざまな表現方法に着目し，その効果を考えることができるだろう。

重点をおく指導内容②　表現技法の効果

高学年になると，これまでの学習経験から文学的な表現技法に気付くことができるようになる。しかしながら，その表現が，作品の中でどのような効果を発揮しているのかについては，注意を向ける必要がある。効果に着目することで，人物の変容や作品の主題などについてより深い視点で読み解くことができる。授業では，あえて異なる表現を提示するなどして，表現の効果を考えることを促していきたい。

重点をおく指導内容③　妥当性のある主題の追究

主題（作品を通して伝えたかったこと）は，読み手の側にある。読み手の数だけ主題があるといっても過言ではないだろう。しかし，誤った読みは存在する。指導内容①や②を通して，物語を丁寧に読み解いた上で，作品を解釈したり，評価したりする読みにつなげていきたい。主題について話し合う際は，その根拠や理由を明確にし，解釈の妥当性を考えられるようにする必要があるだろう。

第1章

第2章

第3章

単元を通して取り組む言語活動

―研究レポートを作ろう―

物語を読んで感じたことや考えたことを伝え合うために，自分が着目した表現の技法とその効果をレポートの形で表現する活動である。「紹介したい表現を三つ挙げてレポートを作ろう」と投げかけることで，紹介する表現を吟味できるようにしていきたい。

本教材で用いられている表現は，一読しただけではその意味やつながりが見えにくい。最後まで読み進めて初めて気付く伏線が散りばめられている。初読で起こる「問い」や「疑問」を生かして，みんなで読み深めて分かったことをレポートにしようと提案する。

例えば，１場面で登場する「ビー玉」や「あのまち」などの言葉は，この時点では読者にとって何を意味しているのかが分からない。そうした表現の工夫によって浮かび上がる読み手の「問い」を起点に取り組むことができる言語活動である。

単元の流れ（全８時間）

第１次　①物語の大体を捉えて読む❶❷

②中心人物である亮が周辺人物と関わる中で，どのような変化が起きたかを考える❸❹

第２次　③何度か登場する「ビー玉」について整理し，それが亮にとってどのようなものになっているかを話し合う❺❻

④「模型のまち」という題名の意味について考える❼

⑤主題について話し合う❽

第３次　⑥⑦研究レポートを作る

⑧作成したレポートを交流する

❶あらすじに特に必要だと思う言葉は？　（第1時）

（題名と表紙の絵を提示して）どんなお話だと思いますか？

表紙の絵の男の子が、模型を作る話かな？

模型は出てきそうです。あと、原爆ドームらしきものが見えるから戦争のお話かもしれません。

指導内容　**内容理解（作品の設定）**

文章を読む前に内容を想像する活動を取り入れることで、作品の設定を捉えながら読むことを促すことができます。初読前の予想の段階で出てきた意見を、人物や場所、時、出来事等に分類し、整理してから読むことで、物語の設定を意識しながら読み進めることにつながります。

❷何日間・何年間のお話ですか？　（第1時）

（初読後、感想を交流した後で）このお話は何日間のお話ですか？

何日間か特定するのは難しいです。過去の話も含まれています。

確かに、途中で登場人物の亮が過去に行く夢の中のような場面もあります。

指導内容　**内容理解（作品の設定）**

「時」の変化に着目して物語の構成を確かめる発問です。場面ごとに内容を大まかに捉えた上で、各場面における「時」の変化を細かく確認していきます。特に、1場面と5場面に着目することになりますが、そこでは物語全体に関わる表現（キーワード）が出てきます。そうしたキーワードを確認した上で、問いづくりに取り組めるとよいでしょう。

❸いくつ（何人）ですか?　（第2時）

このお話に出てくる登場人物は何人ですか?

中心人物は亮だと思います。あと、真由とその兄の圭太が出てきました。

5場面に出てくるビー玉遊びの４人はどうでしょう?　特に「かっちゃん」という男の子です。

指導内容　**内容理解（登場人物）**

登場人物を確認するための発問です。「登場人物は誰ですか?」と問うのではなく、数を問うことで、ずれを生み出すことをねらいとしています。そうすることで、必然的に一人一人が登場人物としてカウントすべきかどうかを吟味することができます。ここでの話し合いを通して、中心人物である亮との関係性にまで話題を深めていけるようにしましょう。

❹特に重要な人物は?　（第2時）

中心人物である亮に一番影響を与えた人物は誰だと思いますか?

一番関わっている時間が長いのは真由です。だから真由ではないでしょうか?

登場する場面は少ないですが、私は、かっちゃんが気になりました。

指導内容　**内容理解（人物の関係）**

誰に強く影響を受けたのかを決めることはできません。しかし、あえて「一番影響を受けたのは?」と問うことで、亮とそれぞれの人物がどのように関わっていたのかを振り返ることができます。ここでは、真由、真由の兄の圭太、かっちゃんの3人を主に取り上げ、その関係性を整理します。その際、第1時で確認した設定を確認するとよいでしょう。

❺いくつ（何人）ですか？　（第3時）

物語に何度も「ビー玉」が出てきますが、「ビー玉」は、いくつの場面で出てきますか？

お話の一番最初に出てくるのが「ビー玉」ですね。

3場面から4場面までは、出てきません。

指導内容　**内容理解（物語を象徴するもの）**

「ビー玉」が出てきた場面を問うことで、その「ビー玉」の描かれ方が亮の心情と関わっていることに気付くように導きます。単に「ビー玉」という言葉だけに着目するのではなく、場面を捉えながら前後の文脈に目を向けられるようにします。そうすることで、場面と場面を比べながら読み、それぞれの場面における変化に気付けるようにしましょう。

❻特に気になった表現は？　（第3時）

何度か出てくる「ビー玉」ですが、特に気になったのはどの場面の「ビー玉」ですか？

7場面の資料館で見つけた「ビー玉」です。亮は触りたくなっています。

1場面で最初に出てきた「ビー玉」は、どの「ビー玉」のことなんでしょうか？

指導内容　**内容理解（心情の変化）**

❺の後に投げかける発問です。前段で注目すべき場面を確認した上で、それぞれの「ビー玉」が亮にとってどのような意味をもっているのかを、亮の心の動きと合わせて捉えられるようにします。また、「同じビー玉が何度も出てきたね」と、誤った考えを提示し、ゆさぶりをかけることで、子どもから気付きを引き出すのもよいでしょう。

❼普通は、〇〇だよね?

（第4時）

6場面の「ちゃんとふつうに色があった」という表現は変ではありませんか?　模型のまちですよね?

確かに。5場面では「目の前には…白い模型のまちが広がっていた」と書かれています。

これは亮が感じたこと、思ったことが表れているのではないかと考えました。

指導内容　表現の方法と効果

色彩語という表現の方法とその効果について話し合うための発問です。物語では視点人物が見たり感じたりした「色」にも心情が表れます。そのことを教師が教えるのではなく、子どもが発見したように促すことが目的です。本教材では、「白いまま」「白いまち」「白い模型」など「模型のまち」という題名と関わってさまざまな色彩表現があります。

❽何型の物語ですか?

（第5時）

（ハッピーエンド型、アンハッピーエンド型の選択肢を示して）このお話は何型の物語ですか?

亮の気持ちが直接書かれているわけではないですね。

最後の文に「雲ひとつない青空」や「…また夏が来る」とあるのは、なんだか希望を感じます。

指導内容　表現の方法と効果

何型の文章かを問うことで、情景描写や結末の方法と効果に着目するための発問です。亮の「このまち」に対する見方や考え方、「ビー玉」への想い、被爆した人やまちへの理解など一言では表せない心情が結末に込められています。「心情が直接的に書いてあった方がいいですね」とゆさぶり、情景描写の効果に迫ることもできます。

1年・説明文

「つぼみ」（光村）

【主な指導内容】 教材内容（◎）／教科内容（◆既出　◇新出）

◎３種類のつぼみの形・咲き方

◇基礎事項（説明文・問い・答え・問いの文末表現）

◇表現の方法と効果（問いと答え・比喩）　◇説明の方法（観点・順序）

重点をおく指導内容①　問いと答え

「問いと答え」の対応関係は，入門期説明文指導における最重要の指導内容である。「問い」があり，その「答え」が書かれているということを単に教えるだけに留まらず，「…でしょう」という「問いの文末表現」にも注目する。さらに，言語活動とも関連付けながら，「読み手の興味を引く」「次に続く説明の見通しがもてる」などの「問いの効果」についても，１年生なりに考えることができるようにしたい。

重点をおく指導内容②　説明の観点・説明の順序

それぞれの事例は，「花の名前（答え）」「つぼみの開き方」「咲いた花の様子」のように，同じ観点，同じ順序で説明されている。この点については，これから学習するさまざまな説明文教材にも共通することである。「うみの　かくれんぼ」や「じどう車くらべ」「どうぶつの赤ちゃん」といった，これから出合う文章において指導することも視野に入れながら，本単元での指導の在り方を考えたい。

重点をおく指導内容③　比喩的な説明

三つ目の事例である「ききょう」の説明では，「ふうせんのようなかたちをした」という比喩的な説明がなされている。比喩がない場合と比べたり，比喩で表現されていない前半の２事例についても，比喩的に説明する場合の表現を考えたりしながら，比喩で説明することのよさや効果を考えられるようにしたい。「ような」という比喩を表す言葉については，必ずしもここで確認しなくてもよいだろう。

単元を通して取り組む言語活動

—つぼみクイズを作ろう—

それぞれの子どもの知識や経験をもとに，「これは，何のつぼみでしょう」「これは，○○のつぼみです」の形でクイズ作るという活動である。

単元の導入では，本教材の事例も含めた「つぼみクイズ」を行い，クイズを作ってみたいという意欲を引き出したい。その上で，クイズを作るためには説明文がどのように書かれているのかを知る必要があることを確認し，教材文を学習する必然性が生まれるような展開をつくっていきたい。

「問題部分の作り方」「答えの文の後に加える説明内容」「様子を表す方法（時間・形・方向・数など）」など，第２次に学習したことを生かして第３次でクイズづくりに取り組むことで，学習したことの活用の機会をつくり，学習内容の定着を図っていきたい。

単元の流れ（全８時間）

第１次　①「はなの　みち」との違いについて考える❶

②特に驚いた事例について交流することを通して，説明の大体の内容を理解する❷

第２次　③あさがおの事例を読み，問いと答えを知り，その効果について話し合う❸

④はすの事例を読み，問いと答え以外の文の役割について話し合う❹

⑤ききょうの事例を読み，比喩的に説明することのよさや効果について話し合う❺

⑥説明の観点や順序について考える❻❼

第３次　⑦学んだことを生かして，つぼみクイズを作る❽

⑧作ったつぼみクイズを出し合い，交流する

❶今までに学習した文章にない新発見は？（第1時）

「つぼみ」はクイズみたいな文章でしたね。「はなの　みち」とは、どんなところが違うかな？

質問しているところが違うね。

お話と違って説明している感じだよ。

指導内容　説明文

クイズを行った後、既習の「はなの　みち」との違いに着目を促し、1年生なりに「文学」と「説明文」の違いについて話し合います。「つぼみ」には、「登場人物」が出てこないことや、「言ったことの文」がないことなど、子どもの気付きを整理します。その上で、これから学習する文章は「説明文」という文種であり、「物語文」とは異なることを伝えます。

❷特に驚いたこと、初めて知ったことは？（第2時）

「つぼみ」では、三つのつぼみが紹介されていますね。特に驚いたのはどのつぼみですか？

僕ははすの花に驚いたよ。

花びらがつながっている花があるなんて初めて知った。

指導内容　内容理解

特に驚いたつぼみについて話し合う活動を通して、それぞれの説明についての内容理解を促すことがねらいです。「三つの中から選ぶ」という活動にすることで、話し合いに参加しやすくなります。どのつぼみを選んだかを話し合うのではなく、なぜ驚いたのか、初めて知ったことは何か、理由を話し合う中で、各事例の内容を整理していきます。

❸問いの文は必要ないのでは?

（第3時）

「問い」の文はなくてもいいですよね？次の文にすぐ「答え」の文が書かれているし、つぼみのことが分かればいいから…。

問いの文がないとクイズじゃなくなってつまらなくなっちゃうよ。

教科書の文を勝手に書き換えたらだめじゃないかな？

指導内容 問いの効果

「問い」の文があることで、どんなよさがあるのかについて、1年生なりに考えることを目的とした発問です。「問い」と「答え」という基礎的事項を確認した上で、ゆさぶり発問として右のように投げかけます。単元の導入で、クイズのような説明方法の面白さを十分に味わうことによって、「問い」の文の必要性や効果も見出しやすくなります。

❹問いと答え以外の文は必要ないのでは?

（第4時）

問いと答えがあれば、それ以外の文は必要ないよね？

詳しく説明しているから必要だよ。

クイズ番組でも答えの解説があるよね！

指導内容 付加的な説明

各つぼみについての説明内容（答えに続く付加的な説明）の確認が目的です。第10、11段落の必要性をあえて問うことで、「必要です。だって…」という反応が引き出されます。第10段落は「咲き方」、第11段落は「花の形」を説明していることを整理します。必ずしも「咲き方」「花の形」という言葉で整理する必要はなく、子どもの言葉を用います。

❺別の〇〇の方がいいのでは？（第5時）

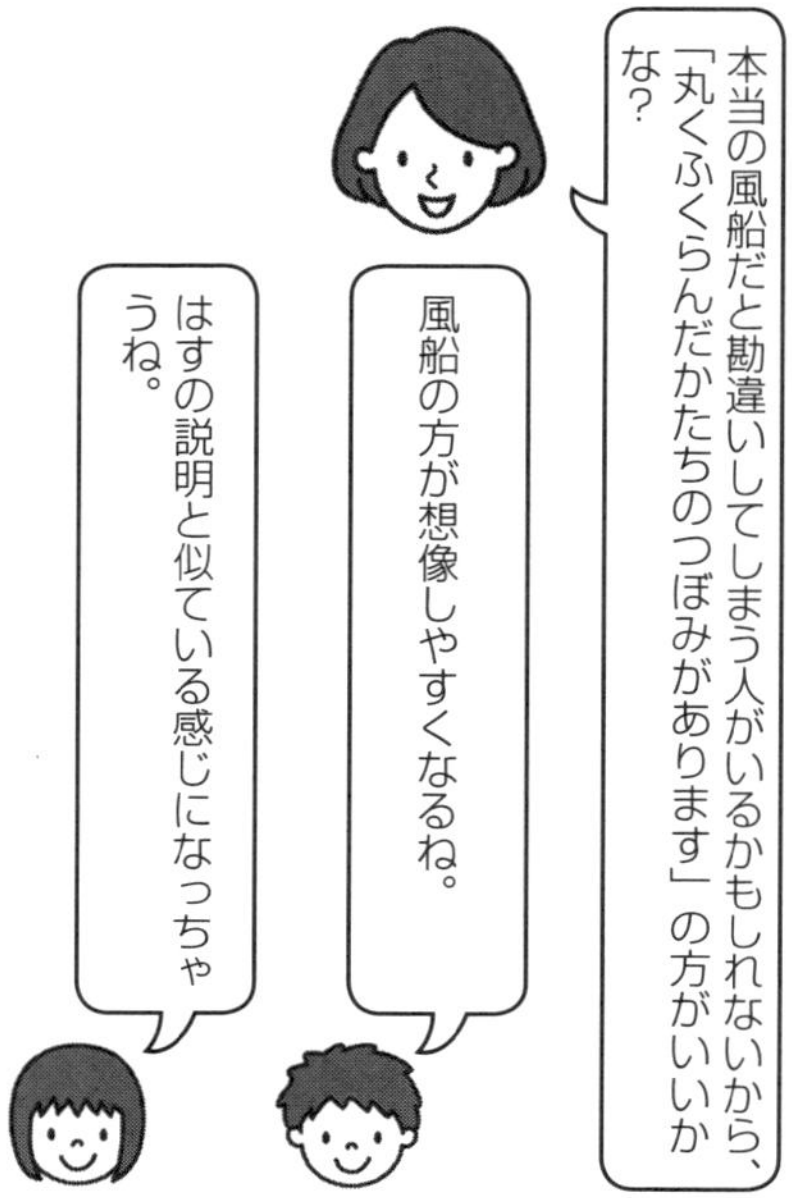
本当の風船だと勘違いしてしまう人がいるかもしれないから、「丸くふくらんだかたちのつぼみがあります」の方がいいかな？
風船の方が想像しやすくなるね。
はすの説明と似ている感じになっちゃうね。

指導内容　比喩的な説明

説明に比喩が用いられていること、またそのよさを確認することを目的とします。まずは、「このつぼみは、風船になっているんだね」と教師が比喩を理解できていないように装います。すると「風船みたいってことです」という反応が予想され、その発言から「比喩」の確認へとつなげます。その上で右のように問い、比喩のよさについて話し合います。

❻どんな色分けかな？（第6時）

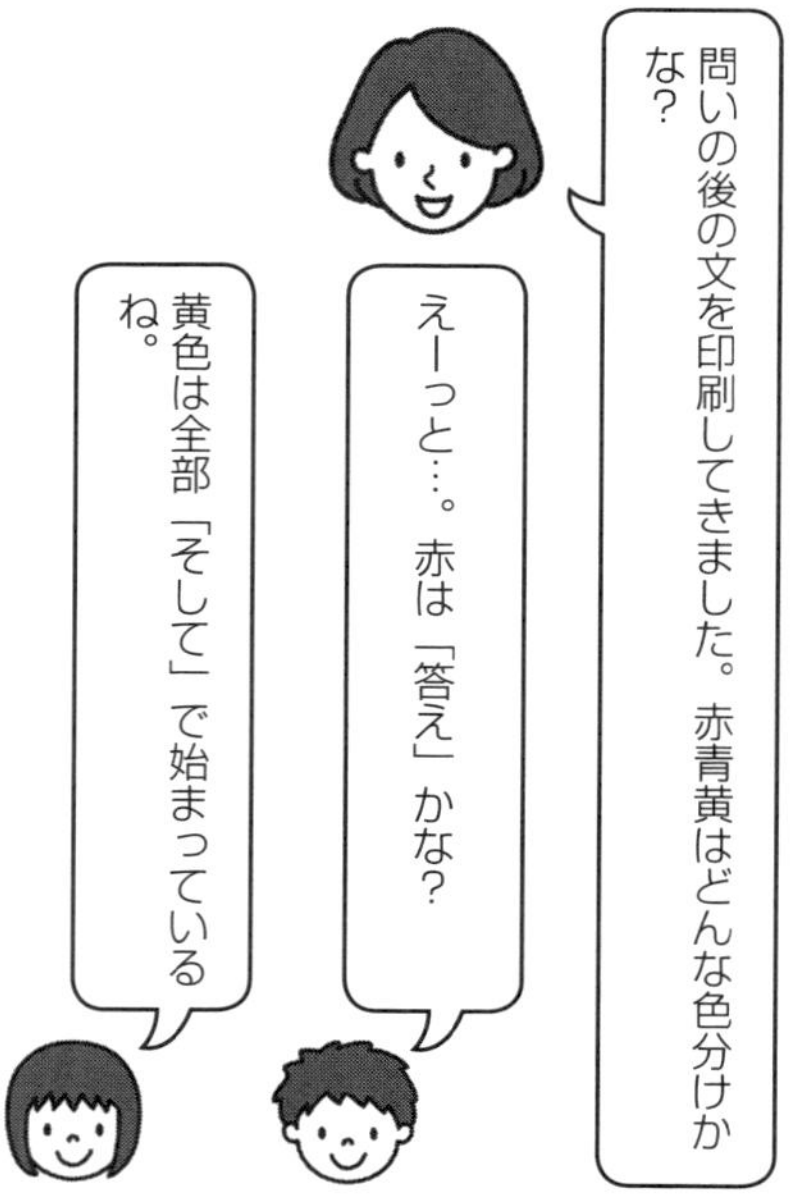
問いの後の文を印刷してきました。赤青黄はどんな色分けかな？
えーっと…。赤は「答え」かな？
黄色は全部「そして」で始まっているね。

指導内容　説明の観点

説明の観点が揃っていることを確認するための発問です。文の共通性に注目しながら、色分けの決まりを話し合う中で気付きを促します。表が白、裏面は色をつけたセンテンスカードを、一つずつめくりながら色分けの基準を話し合います。色の並びが三つの事例で揃っていることへの気付きがあれば、説明の順序が揃っていることも確認できます。

❼説明の順序を入れ替えた方がいいのでは？（第6時）

説明の仕方が揃っていることは分かったけど、ワクワクする方がいいから、一つだけ「答え」の文を最後に入れ替えてもいいかな？

入れ替えたら分かりにくくなるんじゃない？

うーん。全部入れ替えるならいいかもしれないけれど…。

指導内容　**説明の順序を揃えるよさ**

説明の順序が揃っていることのよさについて話し合うための発問です。説明の順序を、一つの段落だけ入れ替えるという提案をすることで、否定的な反応を引き出します。入れ替えてはいけない理由を話し合う中で、分かりやすい、比べやすいなどの効果を整理します。ここでの学びは、「クイズづくり」においても、生かされるものとなります。

❽説明を加えたとしたら？（第7時）

クイズを作るためにひまわりのつぼみを調べてきました。何をどんな順番で説明すればいいかな？

問いと答え以外に「咲き方」と「花の形」も調べるといいね。

順番は「問い」「答え」「咲き方」「花の形」にすれば他のつぼみの説明の仕方と揃うね。

指導内容　**説明の観点**

観点や順序を揃えて説明することについての学習を活用するための発問です。まず、教師が調べた「ひまわりのつぼみ」の情報をいくつか提示し、必要な情報を話し合う活動を行います。次に、それらの説明の順序を考えます。クイズづくりの前に丁寧に確認し、紹介するつぼみの何を調べればよいのかを明確にした上で、調べる活動へ入るようにします。

2年・説明文

「紙コップ花火の作り方」（光村）

【主な指導内容】 教材内容（◎）／教科内容（◆既出　◇新出）

◎紙コップ花火の材料・作り方の手順・楽しみ方
◇基礎事項（大事な言葉や文）　◇説明の方法と効果（説明の順序（手順））
◇表現の方法と効果（小見出し・接続語・数値・絵や写真）

重点をおく指導内容①　接続語・説明の順序の意図

「まず」「つぎに」「それから」「さいごに」という手順を表す「接続語」が用いられていることを確認したい。さらに，読み手にとって分かりやすく，作業がしやすい順序で説明されていると考えられることについても，捉えられるようにしたい。既習の説明的な文章が，身近な順序や時間の順序で書かれていたことを振り返りつつ，手順を示す説明文があることや，作りやすい順序で書かれていることを押さえる。

重点をおく指導内容②　小見出し・写真の効果

「小見出し」によって，ひとまとまりの内容が分かりやすく示されていることや，写真が説明を補っていることへの着目を促したい。その際には，「もしも小見出しがなかったら」「もしも写真がなかったら」のように，小見出しや写真がない場合の文章を作成して提示する手立てが効果的である。実際にそれらがない場合を体感することで，その大切さに気付くことができるだろう。

重点をおく指導内容③　大事な言葉や文

〈作り方〉の各段落の第１文が，その段落で説明している内容を端的に表している。どの段落も，まずは，何をどうするのかを大まかに示した上で，続けてその具体的で詳しい説明を行っている。このような書かれ方によって，読み手は，大まかな作業の見通しをもちながら，詳しい制作の方法を知ることができるのである。作り方を分かりやすく伝えるための筆者の説明の工夫の一つである。

単元を通して取り組む言語活動

―おもちゃの作り方図鑑を完成させよう―

「紙コップ花火の作り方」で学んだ，説明の工夫を取り入れて，自分が選んだおもちゃの作り方を説明する文章を書く。図工や生活でおもちゃづくりの計画があれば，他教科の学習と関連させたい。

これまで子どもたちが遊んだことのあるおもちゃを交流する。その際，おもちゃの名前だけでなく作り方に関する発言も促すことで，相手の発言に興味をもって聞けるようになる。「友達に伝えたい」「友達から聞きたい」という思いを引き出した上で，「２年◯組おもちゃの作り方ずかん」を作ることを提案する。

おもちゃづくりの説明を書くことを通して，ひとまとまりの文章の初めに適切な小見出しをつけたり，各段落の初めに順序を表す接続語を用いたり，「紙コップ花火の作り方」で見つけた説明の工夫をもう一度見直すことが期待できる言語活動である。

単元の流れ（全13時間）

第１次　①②おもちゃを作った経験や紙コップ花火の作り方の予想を交流し，学習の見通しをもつ

第２次　③実際に説明文を読みながらおもちゃを作る❶❷

④小見出しや写真の効果を考える❸❹

⑤〈作り方〉を読み，説明の工夫を捉える❺❻

⑥接続語の効果や説明の順序の意図を考える❼❽

⑦⑧説明するおもちゃを決め，必要な情報を集める

⑨⑩おもちゃの説明の仕方を考える

⑪⑫⑬説明する文章を書き，読み合って感想を伝える

❶いくつ（何人）ですか？

（第3時）

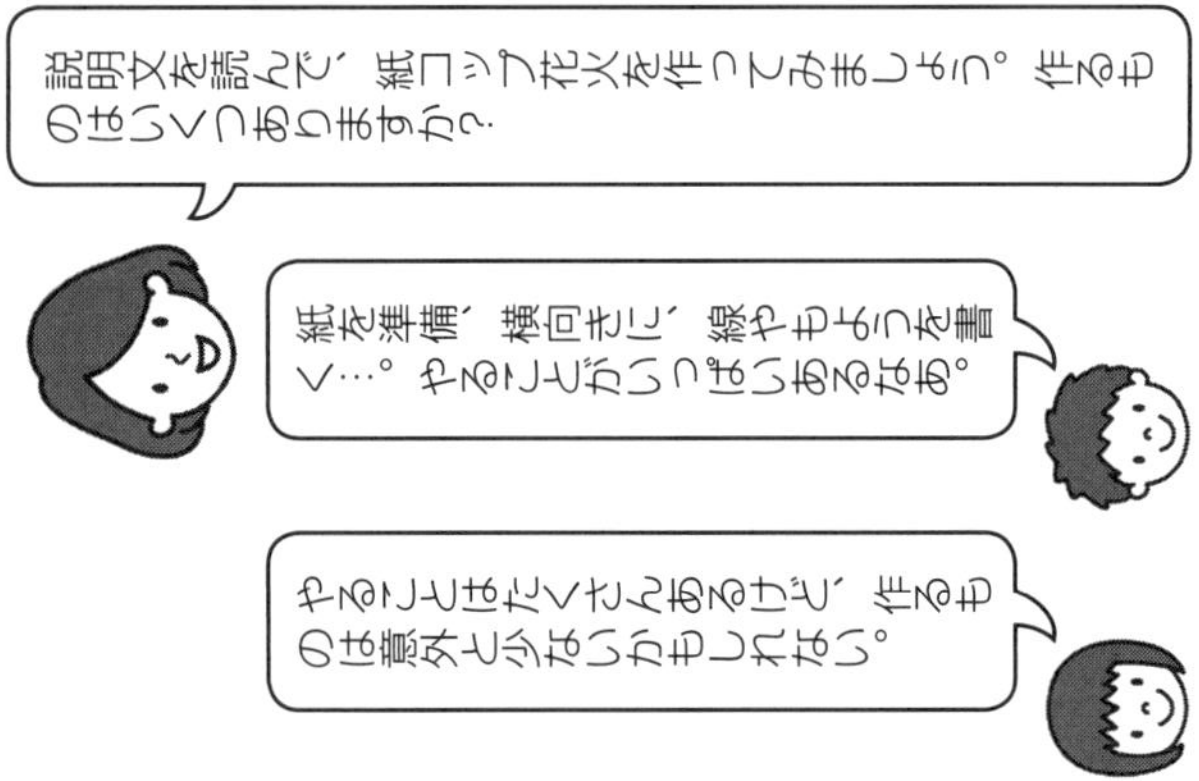
説明文を読んで、紙コップ花火を作ってみましょう。作るものはいくつありますか？
紙を準備、横向きに、線やもようを書く…。やることがいっぱいあるなあ。
やることはたくさんあるけど、作るものは意外と少ないかもしれない。

指導内容　**作り方の手順**

紙コップ花火を作るにあたって、作り方についての大まかな見通しをもてるようにするための発問です。細かく考えると10種類以上の手順が示されていると捉えられますが、段落ごとに捉えると、大まかな作業は四つです。細かい作業を一つ一つ確認して読む発言、大まかに四つの作業を捉える発言、どちらも取り上げ、整理していきます。

❷どちらでしょうか？

（第3時）

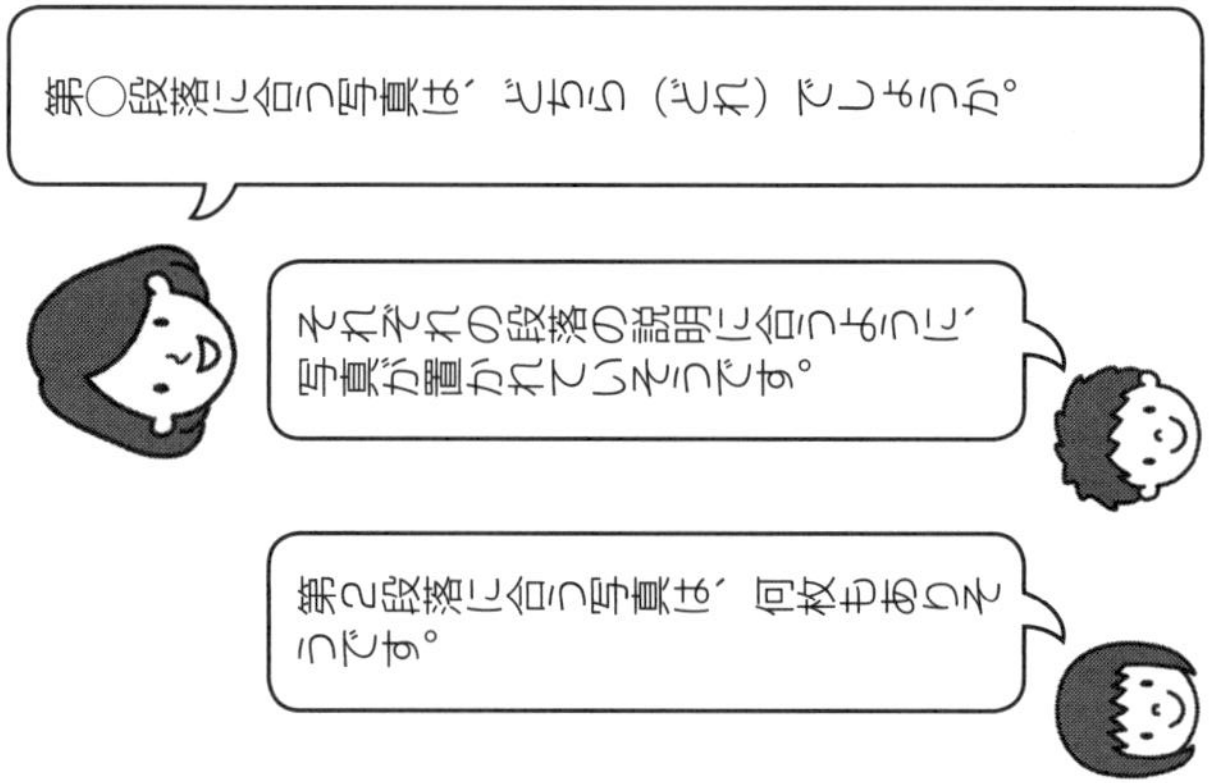
第○段落に合う写真は、どちら（どれ）でしょうか。
それぞれの段落の説明に合うように、写真が置かれていそうです。
第2段落に合う写真は、何枚もありそうです。

指導内容　**写真と文章の対応**

写真と文章との対応を確認するための発問です。〈作り方〉の説明には8枚もの写真が示されていて、実際に作るときのヒントとなり得ますが、写真と文章を見比べて読むのは難しいことも予想されます。特に〈作り方〉の中の第2段落は文章量も多いため、②～⑤の写真がどの叙述と対応しているのかを、選択肢にして確認できるようにします。

❸今までに学習した文章にない新発見は？　（第4時）

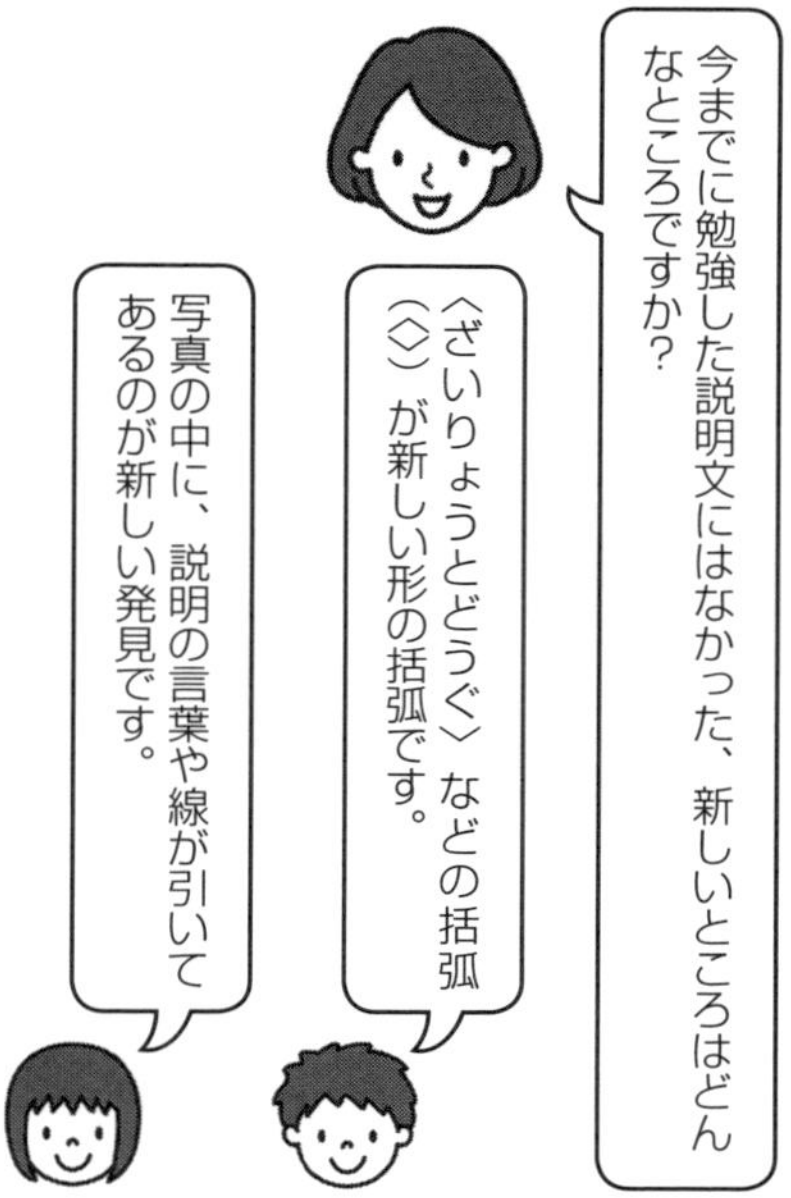
今までに勉強した説明文にはなかった、新しいところはどんなところですか？
〈ざいりょうとどうぐ〉などの括弧（〈〉）が新しい形の括弧です。
写真の中に、説明の言葉や線が引いてあるのが新しい発見です。

指導内容　小見出し・写真の効果

見出しや写真など、説明の工夫への気付きを促すことが目的の発問です。それぞれの工夫を確認するだけでなく、その工夫の効果にまで迫りたいところです。「小見出しがあったおかげで…」や「写真に説明が書いてあったり、矢印でつなげてあったりするおかげで…」等の発言を取り上げながら、分かりやすさを生み出す方法として整理します。

❹〇〇は必要ないのでは？　（第4時）

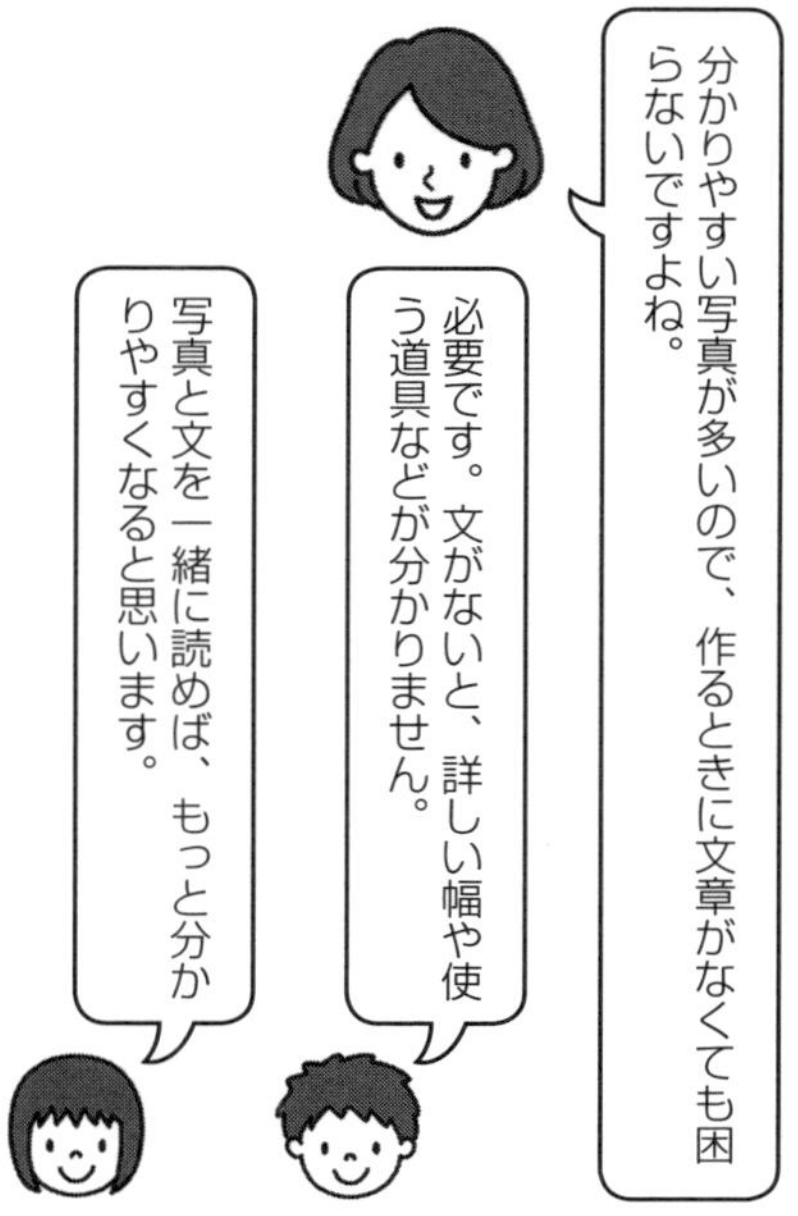
分かりやすい写真が多いので、作るときに文章がなくても困らないですよね。
必要です。文がないと、詳しい幅や使う道具などが分かりません。
写真と文を一緒に読めば、もっと分かりやすくなると思います。

指導内容　写真の効果

写真が文章の説明を補う役割があることへの気付きを促す発問です。本時の前半で写真のよさが多く挙げられたことを受けて、あえて「写真だけでもいいのでは？」とゆさぶります。写真はあくまで、文章の理解を助けるヒントとなるものです。文章の価値を扱うことで、次時以降で扱いたい説明の工夫に関する発言が出てくるかもしれません。

❺特に説明が上手だと思う文は？（第5時）

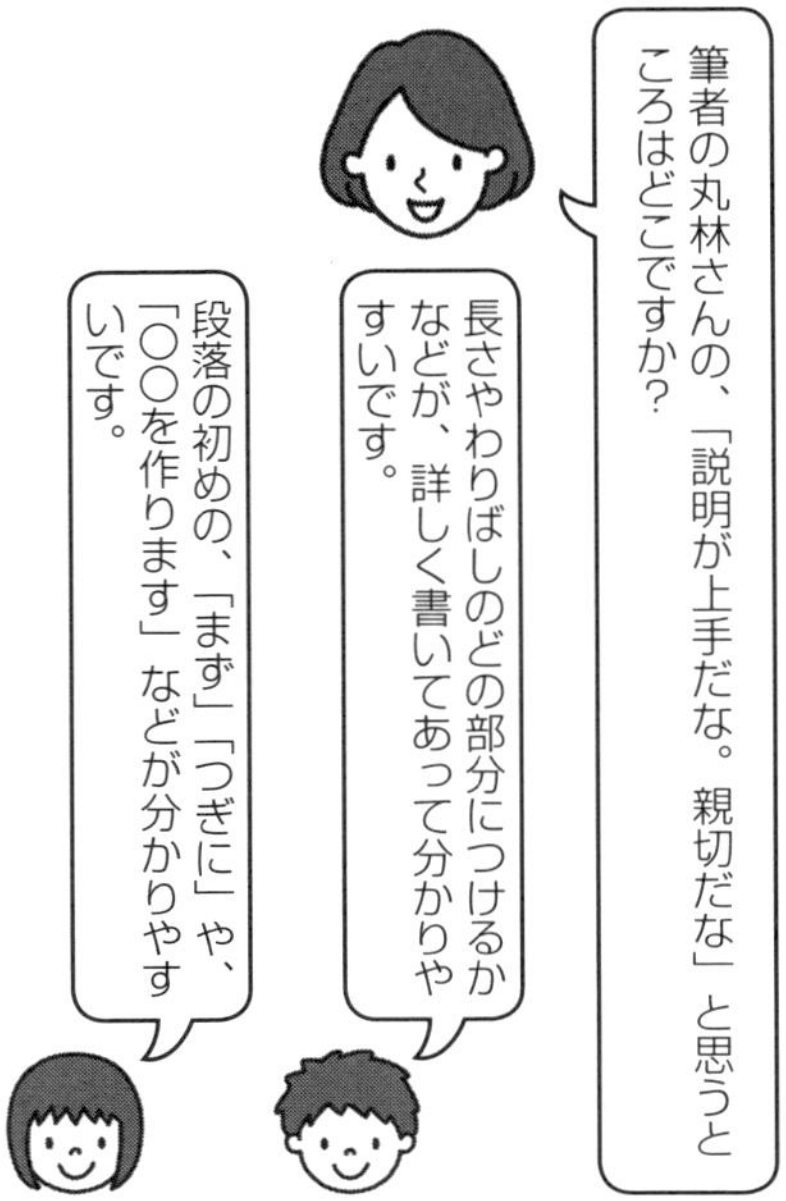
筆者の丸林さんの、「説明が上手だな。親切だな」と思うところはどこですか？
長さやわりばしのどの部分につけるかなどが、詳しく書いてあって分かりやすいです。
段落の初めの、「まず」「つぎに」や、「○○を作ります」などが分かりやすいです。

指導内容　**大事な文・言葉**

　実際に説明文を読みながらおもちゃづくりを進める読み手に向けた工夫への気付きを促す発問です。第3時のおもちゃづくりの際、大事な文や言葉に線を引いている子がいるかもしれません。そのような姿を紹介した上でこの発問を投げかける展開も考えられます。順序に関する発言があれば、次時以降の学習で生かすことができます。

❻知られている言葉の方がいいのでは？（第5時）

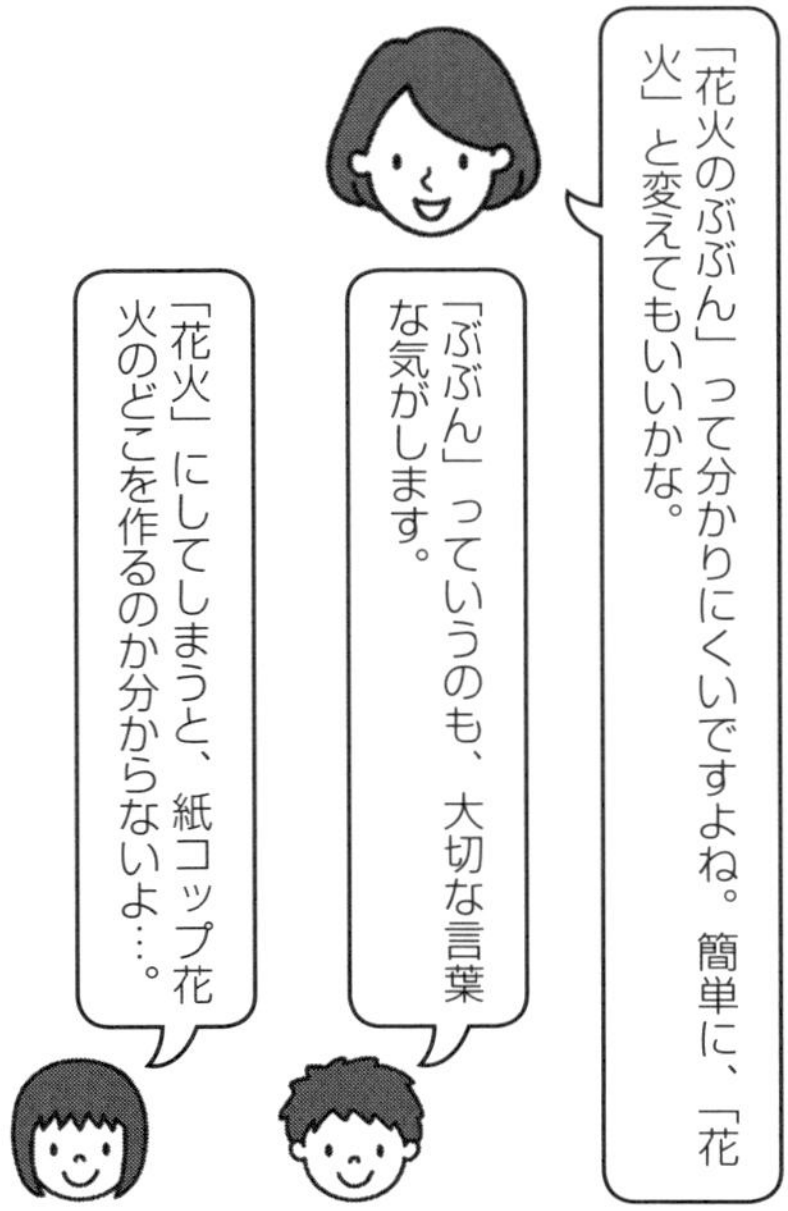
「花火のぶぶん」って分かりにくいですよね。簡単に、「花火」と変えてもいいかな。
「ぶぶん」っていうのも、大切な言葉な気がします。
「花火」にしてしまうと、紙コップ花火のどこを作るのか分からないよ…。

指導内容　**大事な文・言葉**

　各段落冒頭の文章が重要な役割を果たしていることへの気付きを促す発問です。冒頭で「どこを作るための説明なのか」を明示することで、読み手は各段落のまとまりを理解することができ、作業の見通しをもちやすくなります。少し聞きなれない「花火のぶぶん」という表現は、おもちゃづくりに取り組む読み手にとって大事な言葉と言えます。

❼説明の順序を入れ替えた方がいいのでは?（第6時）

花火のぶぶんと紙コップを合わせる段落が分かりやすいよね。第４段落を先に説明してもいいかな。

確かに、完成するところは読んでいてワクワクするけど…。

初めから順番に説明してもらわないと、作るときに困ってしまいます。

指導内容　接続語・説明の順序

説明の順序には筆者の意図があることへの気付きを促す発問です。確かに〈作り方〉の第４段落は文章量が少なく意味を捉えやすいですが、それは第３段落までの説明のおかげでおもちゃが完成に近付いているからです。この発問を通して、説明内容の順序に着目を促すとともに、順序を表す接続語の効果も確かめます。

❽どちらでしょうか?（第6時）

説明の順番は、時間の順か、分かりやすい順のどちらに近いでしょうか。

「どうぶつ園のじゅうい」は時間順に説明されていて、それと似ている気がします。

「じどう車くらべ」の説明の順とは、ちょっとちがうような気がします。

指導内容　接続語・説明の順序

説明の順序について確認する発問です。１年生では、身近で理解しやすいものから順に説明されている文章、２年生では、時間的な順序で説明されている文章を学習しました。本教材は、作業の手順に沿っているため、後者に近いと言えそうです。「身近な順序」「時間の順序」だけでなく、「手順」に沿って説明される場合もあることを確認します。

2年・説明文

「ロボット」（光村）

【主な指導内容】 教材内容（◎）／教科内容（◆既出　◇新出）

◎新しいロボットの種類とロボットが役立つ場面
◆基礎事項（問い・答え・つなぎ言葉）　◇基礎事項（大事な言葉や文）
◇説明の方法と効果（話題提示・事例のまとめ・筆者の思い）

重点をおく指導内容①　大事な言葉や文

説明文における大事な言葉や文として，まず第一に「問い」が挙げられる。「問い」は多くの場合，文章の初めの方にあり，「どのようなことを説明する文章か」ということを示す役割があることも併せて確認したい。次に「答え」である。学習の手引きにあるように，本教材の場合，「答え」となる部分を見つける際に着目すべき言葉や表現について，気付きを引き出し，整理するようにしたい。

重点をおく指導内容②　話題提示

第１段落においては，「問い」が提示される前に，読者を説明内容へと誘う「話題提示」がなされている。「話題提示」の部分があることによって，読者は，説明内容に関心をもったり，問いを抱いたりすることができるのである。「第１段落は，問いさえあれば，その他の部分は必要ないよね」とゆさぶるなどしながら，「話題提示」という用語とその役割や効果について改めて確認を行いたい。

重点をおく指導内容③　「終わり」の段落の役割

最終段落において，「筆者の思い（考え）」が語られている点が既習の文章とは異なる。こうした筆者の思いの吐露は，中学年以降の説明的な文章に多く見られることから，２年生最後の説明文である本教材にこうした点が見られることには，教科書編集者の意図が感じ取れる。「終わり」の段落においては，「筆者の思い（考え）」が語られることがあることについて，確認するようにしたい。

単元を通して取り組む言語活動

―十年後の説明文を考えよう―

十年後の教科書に載っている「ロボット」を想像し，「あったらいいな」と思うロボットの事例を書き加える活動である。

言語活動については，単元の後半で提案する。新しいロボットがどんどん開発されているという説明内容や，最終段落における筆者の呼びかけ部分に触れながら，十年後には事例が変わっているのではないかという問いを共有する。その上で，「あったらいいな」と思うロボットを想像し，「ロボット」を参考に事例部分の文章を書き，十年後バージョンの説明文に書き換えてみようと提案する。

二つの「問い」に対する「答え」を事例部分に書くこと，「答え」を見出しやすいような配慮のある表現を用いることなど，単元の前半に学習したことを生かして書くことができるようにしたい。

単元の流れ（全10時間）

第１次　①「ロボット」を読み，初めて読んだ感想を書く
②これまでに説明文について学んだことを振り返る
目標（大事な言葉や文に気を付けて読む）を確かめる
③第１段落の大事な言葉や文について考える❶❷
④第２段落の大事な言葉や文について考える❸
⑤第３，４段落を読み，「答え」の手がかりになる表現があることを確かめる❹
⑥「助かるな」と思ったロボットや事例の順序性に意図はあるのかについて話し合う❺❻
⑦「終わり」の段落の役割について話し合う❼
⑧⑨⑩十年後の「ロボット」を想像し，あったらいいなと思う事例について書く❽

❶一番大事な文（段落・資料）は？　（第3時）

第1段落で、一番大事だと思う言葉や文はどれですか？

最後の二つの文です。問いだからです。

二つ目の文です。どんなロボットがあるのか、例を書いているところだからです。

指導内容　**内容理解**

話題提示文（1～4文目）や全体に係る問い（5、6文目）を捉えるのが目的の発問です。第1段落の6文を一文ずつセンテンスカードにして提示し、「どの文も大事なんだけれど…」と、この発問を投げかけます。選んだ理由を話し合う中で、それぞれの文に書かれていることや、問いの文やロボットの例が書かれていることなどを確認します。

❷問いと答え以外の文は必要ないのでは？　（第3時）

一番大切なのは「問い」だと思うので、その他の文はなくてもいいよね？

そんなことはありません。知らない人もいると思うので、ロボットの例は必要です。

いきなり問いから始まったら、おかしいです。最初にロボットのことを紹介することで…。

指導内容　**話題提示・書き出しの工夫**

話題提示の効果や文章の書き出しにおける筆者の工夫について考えるための発問です。❶の話し合いでは、「問い」の部分を選ぶ子が多いことが予想されます。人数が多いことを理由として、「重要度が低い部分はなくてもいいよね」とゆさぶることで、反論を引き出します。読み手の興味を引いたり、問いを抱かせたりする工夫があることを確認します。

❸一番大事な文（段落・資料）は?　（第4時）

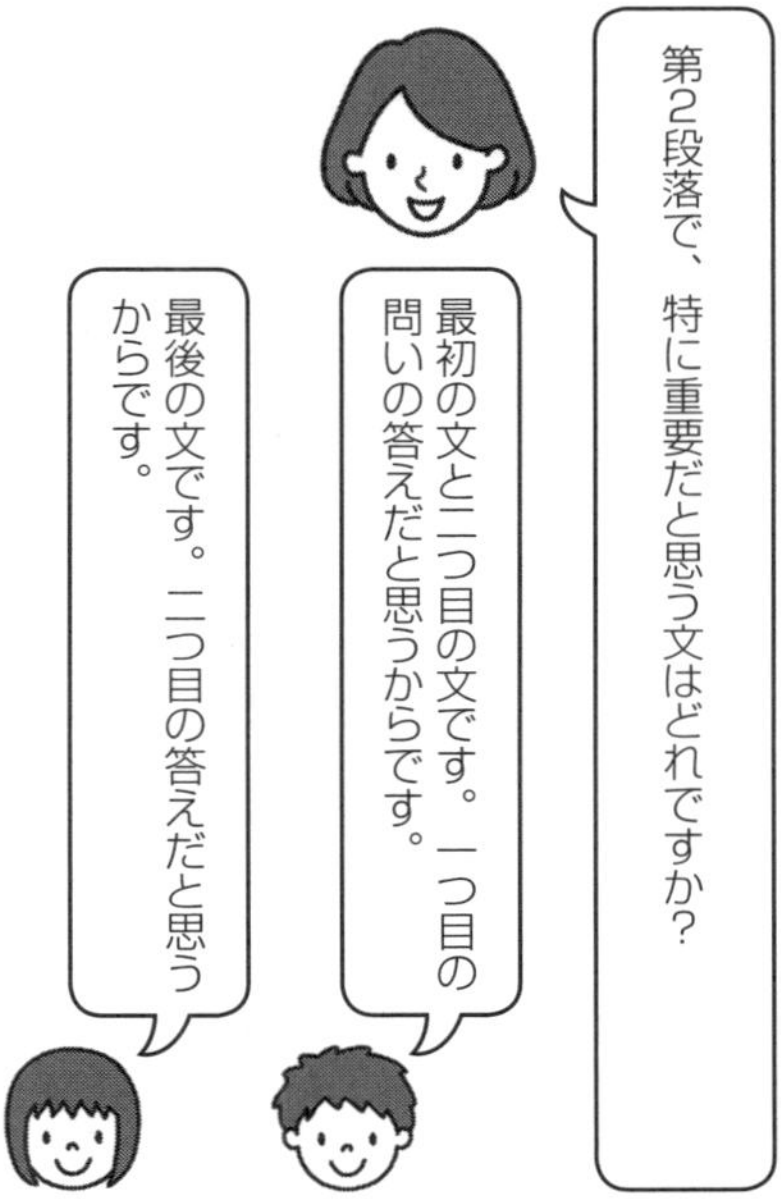
第2段落で、特に重要だと思う文はどれですか?
最初の文と二つ目の文です。一つ目の問いの答えだと思うからです。
最後の文です。二つ目の答えだと思うからです。

指導内容　問いと答え

「初め」で示される二つの問いに対する「答え」を捉えるための発問です。第2段落の4文を選択肢として提示し、二つ以上の文を選んでもよいことを伝えます。話し合う中で、4文全てが「答え」の候補として挙がることが予想されます。考えを認め、前半の二つが一つ目の問いの答え、後半の二つが二つ目の問いの答えとして整理するのもよいでしょう。

❹説明が似ているところは?　（第5時）

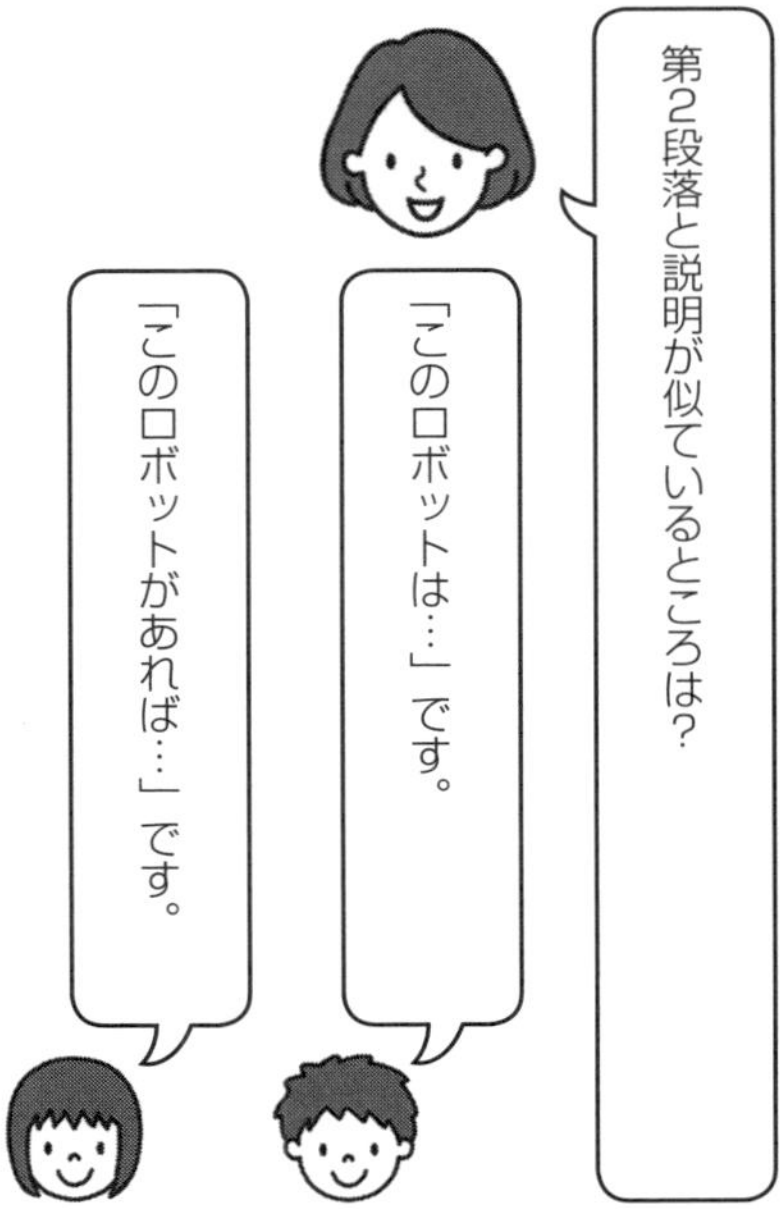
第2段落と説明が似ているところは?
「このロボットは…」です。
「このロボットがあれば…」です。

指導内容　答えの手がかりとなる表現

答えを探す手がかりとなる表現があることを見出すための発問です。本教材の場合には、「このロボットは…」や、「このロボットがあれば…」などの言葉に続けて、答えとなる内容が説明されています。第2段落と第3、4段落を比較し、共通する部分があることへの気付きを促し、読者にとって答えが把握しやすい表現がされていることを確かめます。

❺一番いいな（すごいな）と思った事例は？（第6時）

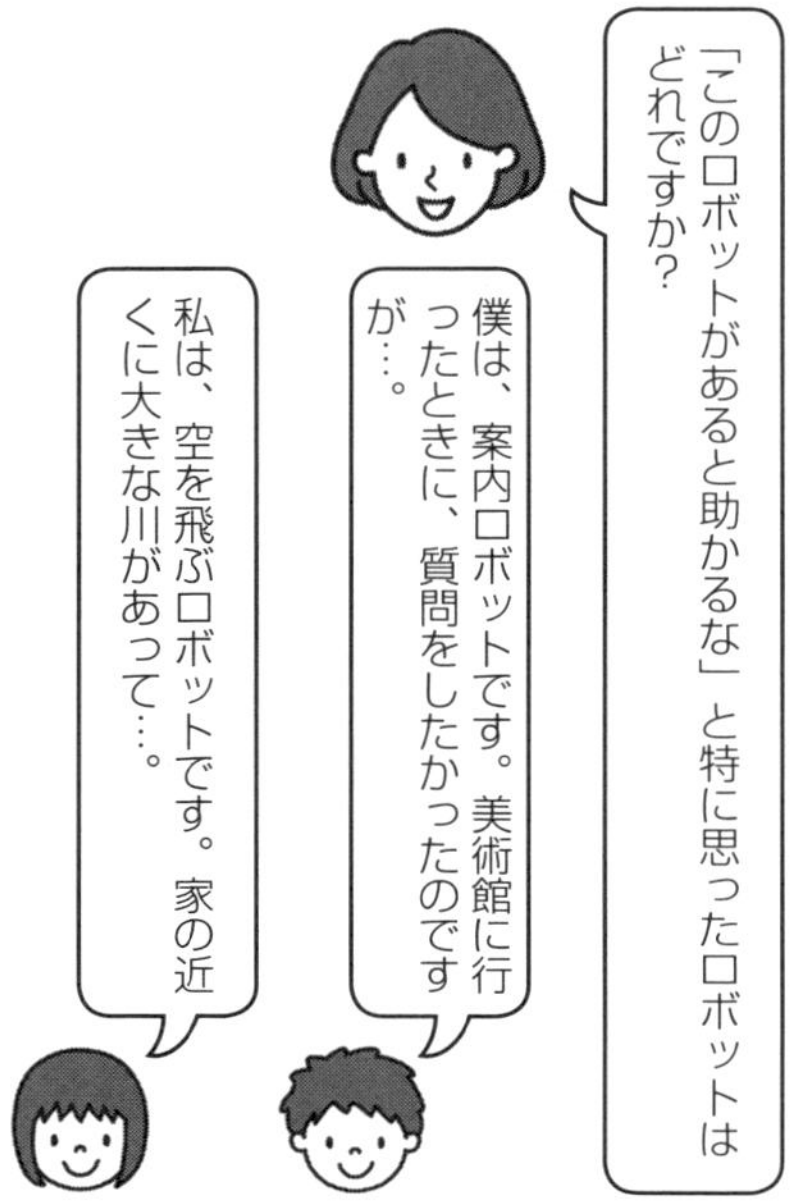
「このロボットがあると助かるな」と特に思ったロボットはどれですか？
僕は、案内ロボットです。美術館に行ったときに、質問をしたかったのですが…。
私は、空を飛ぶロボットです。家の近くに大きな川があって…。

指導内容 内容理解

各事例の説明内容について整理するための発問です。一人一人の生活経験や感覚、考え方に基づいて、特に「助かる」と思ったロボットを交流します。発問する際には、どれが一番かを決めることは目的ではないこと、どの考えも認められることを確認することが大切です。ロボットが、人間にとって困ったことがある場面で活用されることを確認します。

❻事例の順序を入れ替えた方がいいのでは？（第6時）

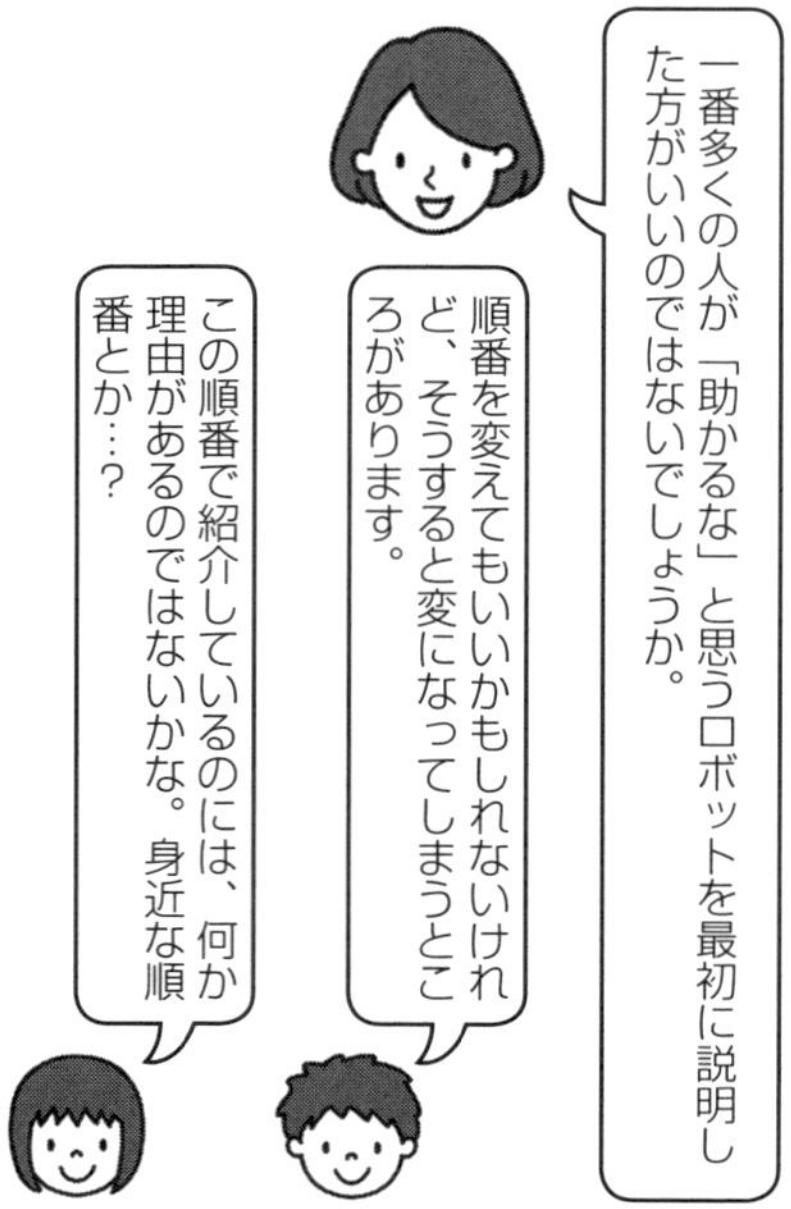
一番多くの人が「助かるな」と思うロボットを最初に説明した方がいいのではないでしょうか。
順番を変えてもいいかもしれないけれど、そうすると変になってしまうところがあります。
この順番で紹介しているのには、何か理由があるのではないかな。身近な順番とか…？

指導内容 つなぎ言葉・事例の順序

つなぎ言葉を捉えたり、事例の順序性における筆者の意図について解釈したりするための発問です。❺の発問による話し合いを踏まえ、最も選んだ人数が多かったロボットを最初に紹介することを提案します。各事例の冒頭部分におけるつなぎ言葉への着目を促すとともに、事例の順序性の意図を楽しく予想し合います（明確な意図は読み取れません）。

❼ある段落（事例・場面）がなかったら？　（第7時）

第4段落までに「答え」が書かれていますし、第5段落がなかったとしても、問題ないですね。

第4段落までで終わってしまうと、なんか中途半端な感じがしてしまいます。

私たちに、筆者からメッセージが伝えられている段落なので、大切だと思います。

指導内容　**「終わり」の段落の役割**

「終わり」の段落には、事例のまとめをする部分や、筆者の思いや考えを伝える部分があることを整理するための発問です。「初め」の段落と同様に、第5段落の中で特に大事だと思う文を話し合った上で、ゆさぶり発問として投げかけます。話し合いを通して、問いに対する答えが書かれていなくても、大切な役割があることを確認することを目指します。

❽筆者がこのように言っているのですが…　（第8時）

この説明文の事例は、十年後には書き換えないといけないなと筆者が言っているのですが…。

確かに、どんどん新しいものが考えられているから、これらのロボットは当たり前になるかも。

この前レストランで、ロボットがご飯を運んでくれました。十年後にはそれが普通かも…。

指導内容　**内容理解**

次時の活動へとつなげるための発問です。筆者がこのように言っているのですが…という仮の状況を設定し、十年後の教科書には、どのロボットが残っているか話し合います。その上で、「十年後を想像して、あったらいいなと思うロボットを考えよう」と提案します。本教材の事例の書き方を生かして、オリジナルロボットの事例を書く活動へ移行します。

3年・説明文

「文様」（光村）

【主な指導内容】教材内容（◎）／教科内容（◆既出　◇新出）

◎文様とそれらに込められた願い

◆基礎事項（問い・答え）　◇基礎事項（段落・まとめ・中心）

◇説明の方法と効果（「初め・中・終わり」・問いやまとめがあるよさ）

重点をおく指導内容①　「初め・中・終わり」

本文上部に示されている「初め」「中」「終わり」と，各段落に書かれていることとを対応させて確認したい。「問い」が書かれている段落が「初め」であり，「答え」が「中」，文章全体の「まとめ」が書かれている段落が「終わり」と整理できる。また，「中」に書かれているのは「詳しい答え」であり，「終わり」に書かれているのは「まとめた答え」という整理の仕方も可能である。

重点をおく指導内容②　「問い」があるよさや効果

「『答え』があれば分かるから，『問い』の文はなくてもいい？」と仮定的に問うゆさぶりを行い，「問い」があることのよさや効果を考えられるように展開する。例えば，「問いがあることで，読者が疑問に思いながら読み進めることができる」や「この説明文がどんなことを説明しようとしているのかが分かる」など，子どもたちから挙げられた言葉を用いながら，よさや効果を整理するようにしたい。

重点をおく指導内容③　答え・中心文の位置

「中」の各段落においては，最後の一文が「答え」にあたる中心文となっている。「こまを楽しむ」では，二つの「問い」の「答え」が，「中」の各段落の第１文に示されているため，この点が二つの教材の差異と言える。「中」の段落の第１文に「答え」が示される場合が多いということも押さえつつ，必ずしも「答え」は，事例部分の第１文に示されるわけではないことについて確認したい。

単元を通して取り組む言語活動

―種類があるものを紹介しよう―

自分の「好きなこと」や「好きなもの」について，「いくつかの種類を挙げて紹介する文章を書く」という活動である。

子どもが生活の中で興味をもっている事柄は，例えば，魚や犬，文房具，ゲームのキャラクターなど，興味の対象には，いくつかの種類があることが多い。「文様」と「こまを楽しむ」がどちらも「種類のあるもの」を紹介していることを確認した上で，自らが興味をもっている事柄について，いくつかの種類を例示して紹介する文章を書いてみないかと提案する。

まずは「文様」と「こまを楽しむ」を学習材として，「初め・中・終わり」や「問いと答え」「段落」などの基礎的な内容を確認する。その上で，学んだことを生かして，オリジナルの「種類を挙げて紹介する文章」を作成する活動へと入っていくようにしたい。

単元の流れ（全8時間）

第1次　①これまでの説明文の学習で学んだことを振り返る
「文様」を読み，初めて読んだ感想を書く❶
②第1段落を読み，「問い」を確認する
第2段落を読み，「答え」にあたる部分を考える❷
「問い」があることのよさや効果を考える❸
③全文を読み，「答え」にあたる部分はどこかを考える❹
文章全体の「まとめ」にあたる段落を確かめる
「まとめ」の段落があるよさを考える
「初め・中・終わり」の文章構成を知り，それぞれの部分に書かれていることを確認する

第2次　④⑤⑥「こまを楽しむ」の書かれ方を学ぶ

第3次　⑦⑧種類のあるものを紹介する文章を書く

❶一番いいな（すごいな）と思った事例は？（第1時）

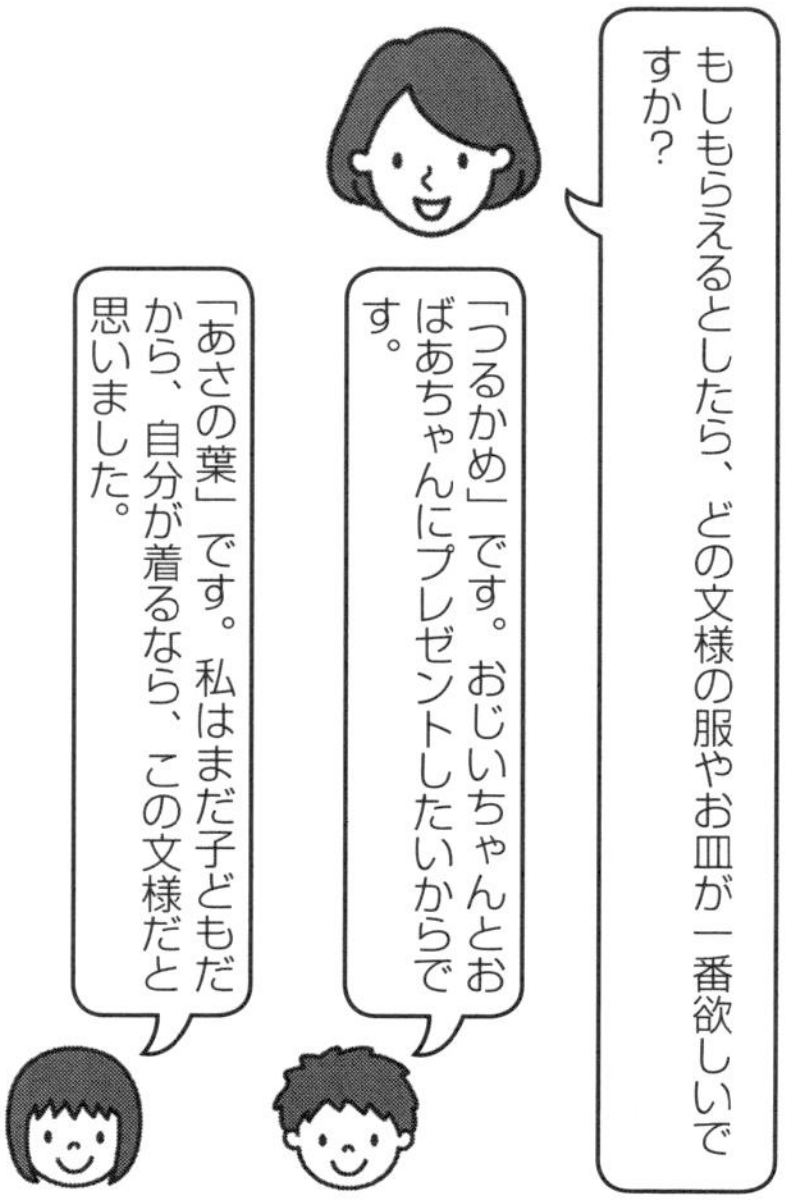
もしもらえるとしたら、どの文様の服やお皿が一番欲しいですか？
「つるかめ」です。おじいちゃんとおばあちゃんにプレゼントしたいからです。
「あさの葉」です。私はまだ子どもだから、自分が着るなら、この文様だと思いました。

指導内容　**内容理解**

それぞれの事例の説明内容についての理解を促すための発問です。単元の導入では、「初めて読んだ感想」を書く活動がしばしば取り入れられます。その際、単に「感想を書こう」と言われても、なかなか書き進められない場合があります。この発問のように、事例を一つ選んで書くなど、内容を限定する指示があることで、考えの書きやすさが高まります。

❷どちらでしょうか？（第2時）

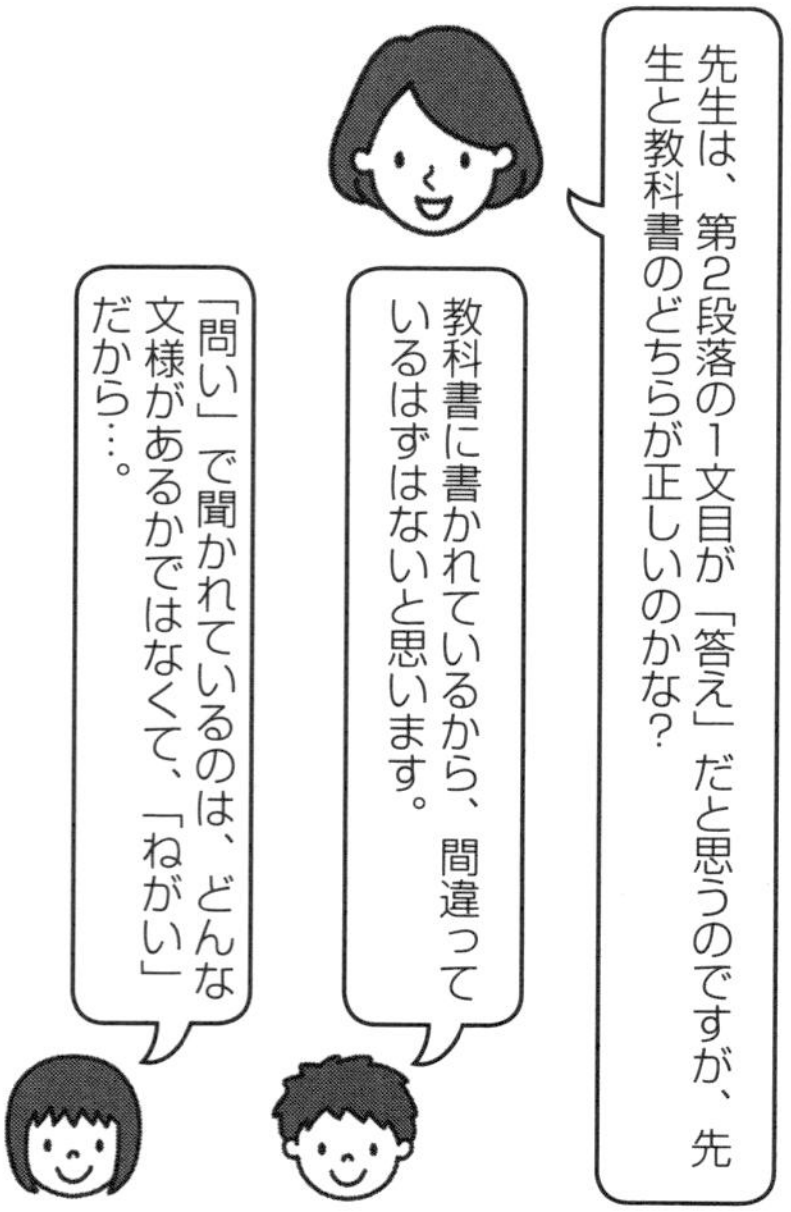
先生は、第2段落の1文目が「答え」だと思うのですが、先生と教科書のどちらが正しいのかな？
教科書に書かれているから、間違っているはずはないと思います。
「問い」で聞かれているのは、どんな文様があるかではなくて、「ねがい」だから…。

指導内容　**問いと答えの対応・答えの位置**

「答え」にあたる部分を確かめる際には、「問い」を正確に捉える必要があることを確認するための発問です。あえて教師が誤った部分を「答え」だと主張し、教科書に引かれた「問いを表すサイドライン」とのずれを顕在化させた上で、右のように問いかけます。本教材の「問い」では、文様の種類ではなく、込められた願いが問われていることを確認します。

❸問いの文は必要ないのでは？

（第2時）

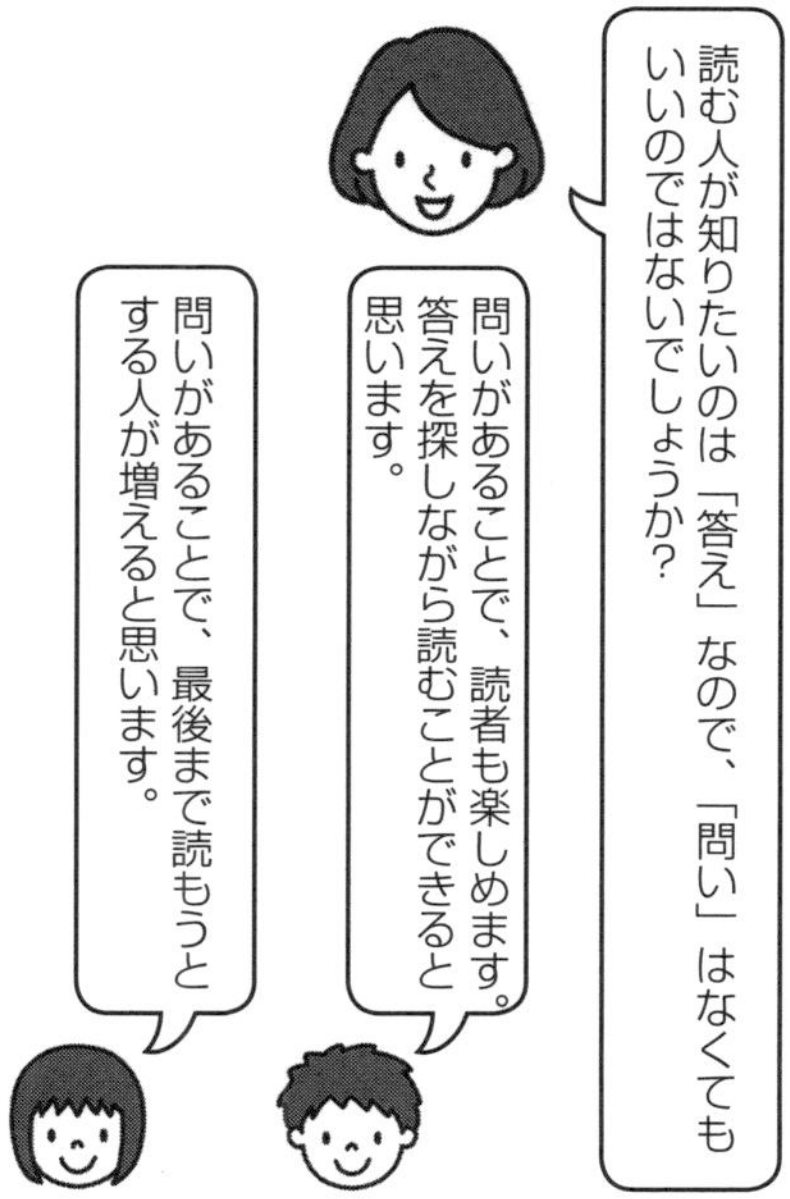
読む人が知りたいのは「答え」なので、「問い」はなくてもいいのではないでしょうか？
問いがあることで、読者も楽しめます。答えを探しながら読むことができると思います。
問いがあることで、最後まで読もうとする人が増えると思います。

指導内容　問いの効果

「問い」の文があることで、どんなよさがあるのかについて、3年生なりに考えることを目的とした発問です。まず、第1段落と第2段落を一文ずつセンテンスカードにして黒板に掲示し、❷のやり取りを通して、「問い」と「答え」の一つ目を確認します。その上で、黒板上の「問いの文」のセンテンスカードを剥がし、右のようにゆさぶり発問をします。

❹どちらでしょうか？

（第3時）

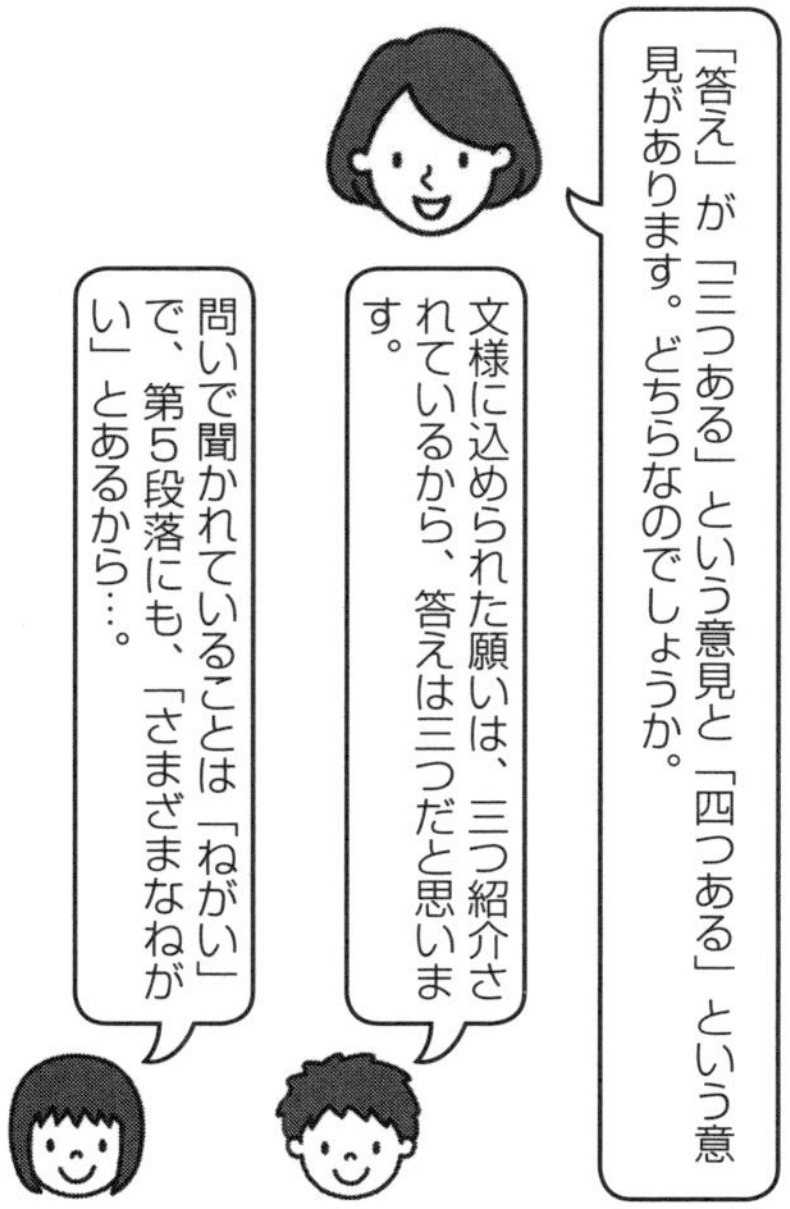
「答え」が「三つある」という意見と「四つある」という意見があります。どちらなのでしょうか。
文様に込められた願いは、三つ紹介されているから、答えは三つだと思います。
問いで聞かれていることは「ねがい」で、第5段落にも、「さまざまなねがい」とあるから…。

指導内容　詳しい答えと大まかな答え

「終わり」の段落において、抽象度の高い「大まかな答え」「まとめた答え」が示されることがあることを確認するための発問です。第5段落にも「ねがい」という言葉があることへの気付きを促した上で、この発問をします。一旦は立場が分かれますが、最終的には、第5段落の内容も、「まとめた答え」として整理できることを確認します。

3年・説明文

「せっちゃくざいの今と昔」（東書）

【主な指導内容】 教材内容（◎）／教科内容（◆既出　◇新出）

◎それぞれの接着剤の作り方や使い方

◇基礎事項（中心・補足）　◇要約の方法（中心文）

◇説明の方法と効果（「初め・中・終わり」・事例の選択の意図）

重点をおく指導内容①　文章全体や段落の中心

「問い」に対する「答え」の部分が「文章全体や段落の中心」である。本教材には「問い」がなく，「隠れた問い」ついて考えることで，「答え」の部分を理解できるようにしたい。また，各段落においては「答え」以外の説明も加えられている。「中心文」を確実に押さえることで，その後の要約する言語活動につなげるとともに，「答え」以外の部分にも「補足」という役割があることを確認したい。

重点をおく指導内容②　事例を挙げることの効果

説明文における事例は，具体的な例を示すことで，抽象的な筆者の主張についての理解を促す働きがある。つまり，事例を挙げることが，読み手に分かりやすく，説得力を高めて，考えを伝えるための手立てとなっているのである。「事例がなかったとしたら」というような「仮定する発問」を活用することで，事例があることのよさや効果について考えることを促したい。

重点をおく指導内容③　事例の選択の意図

事例の選択の意図とは「筆者はどのような基準で事例を選択しているのか」ということである。「昔から使われている接着剤」「自然にある材料を使っている接着剤」等，本教材で挙げられている事例の共通点を整理することで，本教材における事例の選択の意図の解釈を促したい。さらにその上で，「説明文の事例の選択には筆者の意図がある」ことについても確認したい。

単元を通して取り組む言語活動

―要約紹介プロジェクト―

文章の中で，興味をもった部分を中心に要約し，要約した文章を紹介する活動である。要約は，ノート等に書いて紹介し合うだけでなく，Canva 等のアプリを活用することも考えられる。絵や音声を吹き込み，テレビ番組風に紹介動画を作成するのもよいだろう。

単元の導入では，教材文を読んだ後，どこに興味をもったかを問う。一人一人内容が違いそうだということを確認した上で，紹介動画を作って，みんなで視聴し合わないかと提案する。

興味をもったところを要約する文章を書く過程で，「どの言葉や文を削ったらいいのだろうか」「相手に伝わるようにするためには，どのように言葉や文をつなげればいいのか」「自分が伝えたい内容の中心は何か」など，指導内容に関わる「問い」が生まれることが期待できる言語活動である。

単元の流れ（全10時間）

第１次　①接着剤について知っていることを交流する❶
　　　　②学習計画と考えたい問いを話し合う
第２次　③「初め・中・終わり」の文章構成を捉える❷
　　　　④隠れた問いを捉え，適切な問いを考える❸
　　　　⑤具体例を使い説明することのよさについて話し合う❹
　　　　⑥第７，８段落の必要性について話し合う❺
　　　　⑦事例の選択の意図を捉える❻
　　　　⑧結論部の説明の工夫を捉え，本論部との対応関係を理解する❼❽
第３次　⑨⑩要約文を書き，紹介動画を作成する

❶特に驚いたこと、初めて知ったことは? （第1時）

初めて知ったことはありますか?
特に驚いたことは何段落目に書いてありますか?

飛行機に接着剤が使われていることを知りました。壊れてしまいそうな気もします。

ご飯でのりを作れることが驚きでした。身の回りに接着剤があるとは思わなかった。

指導内容　**内容理解**

説明されていることの大体を理解することを促すための発問です。まず、教材を読む前に、身の回りで接着剤が使われているものや、身近な接着剤の種類について知っていることを交流します。次に全文を通読し、接着剤が使われているもの、接着剤の種類を確認します。その上でこの発問を投げかけ、初めて知ったことについて伝え合う活動を行います。

❷今までに学習した文章との共通点は? （第3時）

これまで説明文で学んできたことを生かして、「初め・中・終わり」に分けられそうですか?

「中」には、事例が書かれています。「中」が分かれば、「初め」「終わり」も分けられそう。

最後の段落は事例のまとめをしていると思う。

指導内容　**文章構造（「初め・中・終わり」）**

構成要素に着目しながら「初め・中・終わり」のまとまりを捉えることを促す発問です。まずは「初め」がどの部分かを話し合う中で、「初め」には「問い」や「隠れた問い」があることを確認します。同様に、「中」には「詳しい答え」、「終わり」には「まとめた答え」や「筆者の考え」が書かれていることを整理するようにします。

❸問いがあったとしたら？ （第4時）

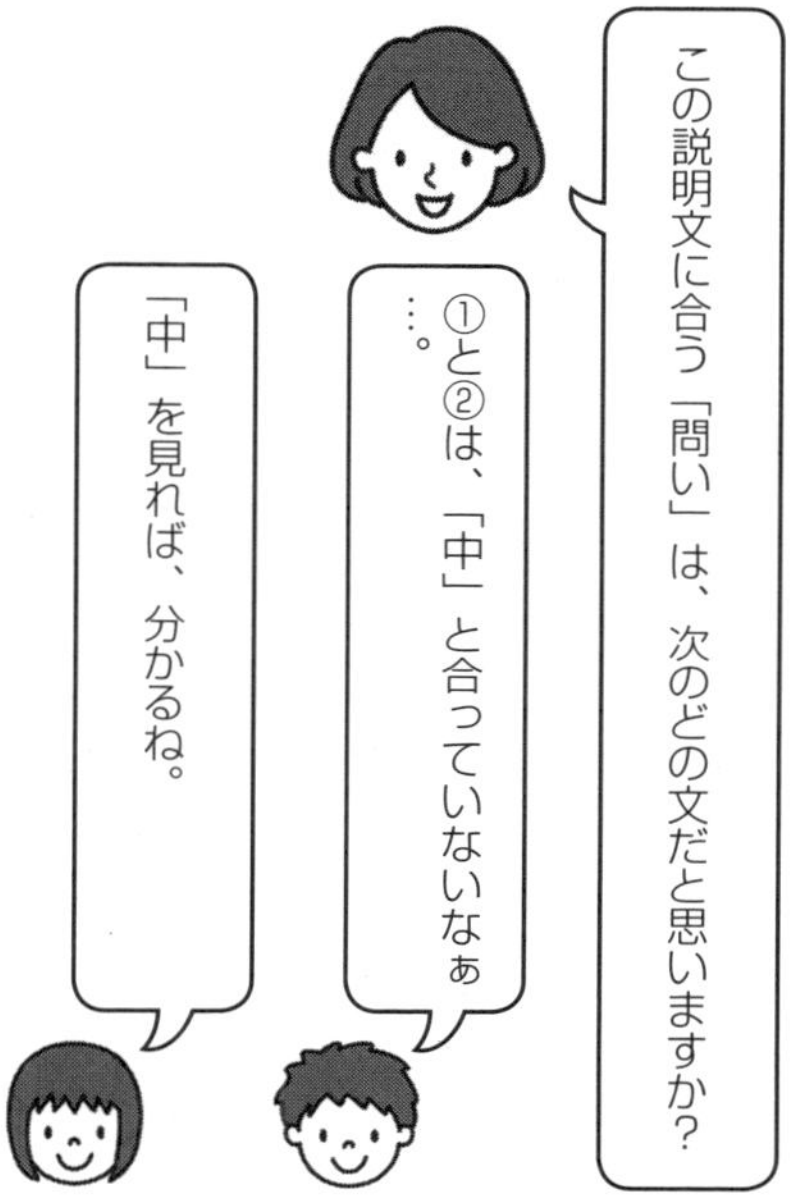
この説明文に合う「問い」は、次のどの文だと思いますか？
①と②は、「中」と合っていないなぁ……。
「中」を見れば、分かるね。

指導内容 **隠れた問い・中心文**

適切な問いの文の条件について考えることを促す発問です。①「接着剤は誰が作っているでしょうか」、②「接着剤はどのように使われているでしょうか」、③「接着剤はどのように作られているでしょうか」の三つの問いの案を選択肢として提示して、適切なものを話し合います。第2～10段落の中心文を捉えることがポイントになります。

❹ある段落（事例・場面）がなかったら？ （第5時）

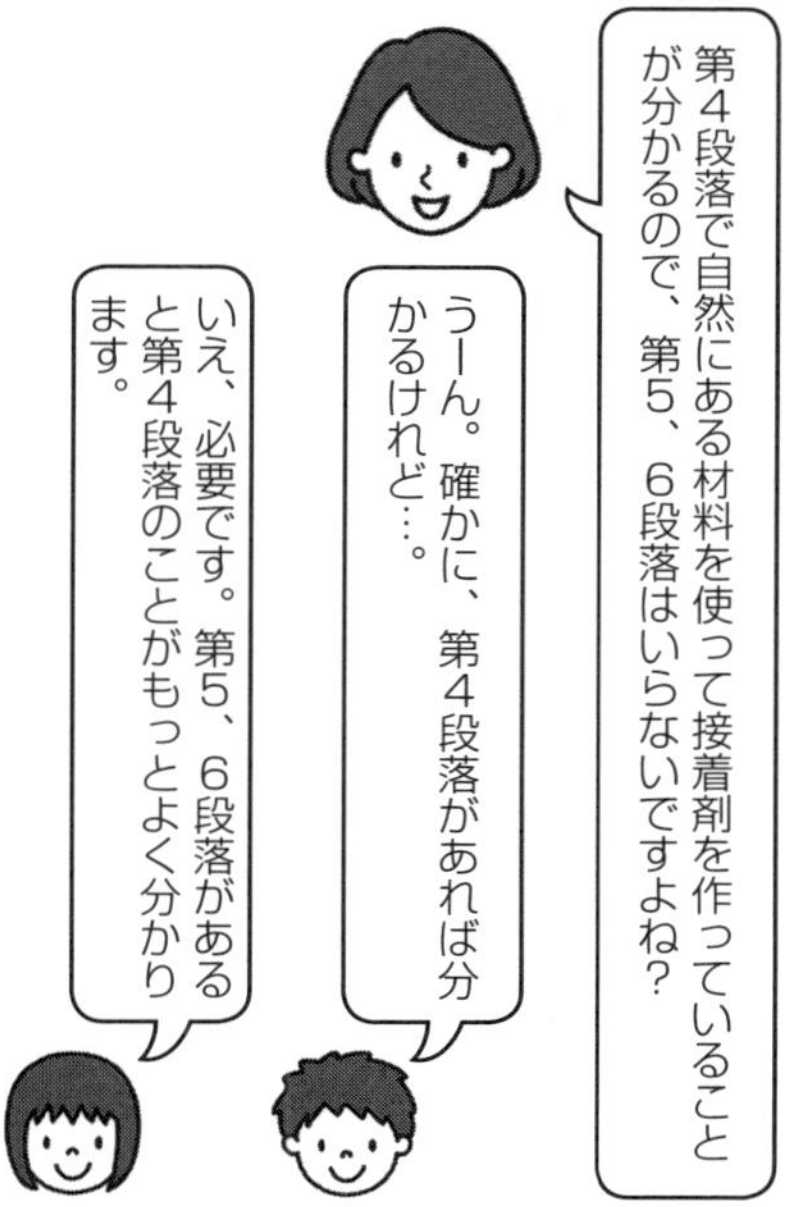
第４段落で自然にある材料を使って接着剤を作っていることが分かるので、第５、６段落はいらないですよね？
うーん。確かに、第４段落があれば分かるけれど……。
いえ、必要です。第5、6段落があると第４段落のことがもっとよく分かります。

指導内容 **具体例を挙げることの効果**

具体例を挙げることには、説明内容について説得力を高める効果があることを確認するための発問です。第5、6段落では、第4段落の説明内容が具体的に理解できるような事例が紹介されています。米や動物の骨や皮など自然にある材料で接着剤を作ってきたことを伝えることで、読者への説得力を高めていることについて確認します。

❺ある段落（事例・場面）がなかったら？　（第6時）

第７、８段落は不便な点を説明しています。わざわざよくない点を伝える必要はあるのでしょうか。

マイナスのことが書いて合った方が「確かにそうだな」ってなる。

昔の接着剤が使われなくなってきた理由が分かった方が特徴に気付けるよ。

指導内容　付加的な情報の効果

　主張に関わる付加的な情報を述べることで、自らの主張についての説得力を高めようとする筆者の意図について考えることを促す発問です。第7、8段落はマイナスかプラスか問いかけた上で、この発問を投げかけます。マイナスの情報を伝えることは、接着剤の特徴に合った使い方をすることが大切だという筆者の主張につながっていることを確認します。

❻事例を加えたとしたら？　（第7時）

第8段落に「アロンアルファ」を加えるのはどうでしょうか？

「アロンアルファ」も接着剤だからいいですね。

えっ…。他の事例は昔から使われているものだから…。

指導内容　事例の選択

　工場で作られている接着剤の事例を載せていない筆者の意図について考える発問です。事例の選択には筆者の意図があることに気付けるようにします。事例の追加を提案し、それが適切ではない理由について話し合います。本教材の事例には、「昔から使われている接着剤」という共通点があり、筆者がその観点から事例を選択していることを確認します。

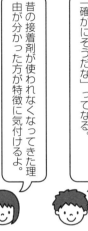

❼特にいいな（なるほどな）と思った文は？　（第8時）

最後の段落の中で、特に「なるほどな」と思ったのはどちらの文ですか？

1文目です。昔から接着剤は使われていることが改めて分かったからです。

2文目です。それぞれの特徴に合った使い方をすることが大切だと思った。

指導内容　内容理解

最後の段落の説明内容の理解を促すのが目的の発問です。最後の段落の2文をセンテンスカードにして提示し、この発問をします。選んだ文とその理由を話し合うことを通して、事例のまとめの文と、筆者の考えの文があることについて整理します。事例のまとめの文であることを整理する際には、事例とのつながりを確認しておきたいところです。

❽特に「まとめているな」と思う文は？　（第8時）

これまでの文を「まとめているな」と感じるのは、最後の段落のどちらの文ですか？

どちらもまとめている感じがするなぁ…。

「中」をまとめているのは、1文目かなぁ…。

指導内容　結論部と本論部の対応関係

最後の段落の内容が、第2～10段落までの内容と対応していることを確認するのが目的の発問です。1文目の内容がこれまで筆者が述べてきた事例のまとめをしていること、そして、2文目が「接着剤の特徴に合った使い方をすることが私たちの生活を豊かにする」という文章全体のまとめをしていることについて確認します。

3年・説明文

「カミツキガメは悪者か」（東書）

【主な指導内容】 教材内容（◎）／教科内容（◆既出　◇新出）

◎カミツキガメのイメージと観察から分かったこと，働く人が困っていること
◇二つの問いと答え（離れた問いと答え）　◇題名の工夫
◇事実と筆者の考え　◇筆者の主張と主張を支える理由　◇意見文

重点をおく指導内容①　二つの問いと答え（離れた問いと答え）

説明文の学習においては，問いと答えに着目して読むことが，説明の中心を捉える上で非常に重要である。本教材の場合，問いが二つあり，それぞれの問いに対する答えは，問いからやや離れた段落（一つ目は９段落，二つ目は15段落）に書かれていることに気を付けたい。答えとして書かれていることは，聞いた話や熱心な観察を経て見出されたことであり，筆者の生き物に対する温かい眼差しが感じられる。

重点をおく指導内容②　事実と筆者の考え

観察や聞いた話を通して明らかになった事実と，筆者が考えたこと（意見・感想）の両方が書かれている。事実は「～ました」や「～でした」「～ます」などの文末で書かれることが多い。一方で，考えたこと（意見・感想）は，「おどろきました」「イメージが，がらりと変わりました」「はっとしました」などと表されている。事実と考えが書き分けられていることに目を向けられるよう促したい。

重点をおく指導内容③　筆者の主張と主張を支える理由

既習の説明文では，「～のです」「～はずです」などの文末表現に注目することで，筆者が強調したいことを読み取る学習をしてきている。これらに加えて，本教材では，結論部において「生き物」と一般化して述べたり，「考えなければなりません」という強調表現を使ったりすることで，読み手に強く訴えられることを学ぶことができる。主張を支える理由にも目を向けられるようにしたい。

単元を通して取り組む言語活動

―外来種についての意見文を書こう―

「カミツキガメは悪者か」で学んだ説明の工夫を取り入れて，興味をもった外来種を調べて説明する文章を書く活動である。

教材を読んだ後，外来種について知っていることを交流する。カミツキガメ以外にも発言を促すことで，日本にはたくさんの外来種がいることに気付けるようにしたい。その上で，外来種についての考えを伝える説明文を書く活動を提案する。書く活動に入る前には，図鑑等を用意しておき，外来種を身近に感じられるようにする。また校区周辺の外来種を紹介するのもよいだろう。

外来種の説明を書く際には，調べて分かったことだけでなく，自分の意見や主張も書けるようにしたい。意見や主張を支える理由や，調べたこと（事例）が，意見や主張と合っているかについても，3年生なりに考えることができるような時間を設定したい。

単元の流れ（全9時間）

第1次　①説明文を読んで驚いたことや外来種について知っていることを交流し，単元の見通しをもつ❶❷

第2次　②文章の「初め・中・終わり」を捉える❸

③問いと答えを確かめる❹

④筆者のカミツキガメに対するイメージと実際の姿のちがいを確かめる❺

⑤カミツキガメが生活に及ぼす影響をまとめる

⑥カミツキガメに悩む人の話とカミツキガメが増えた理由を確かめる❻

⑦筆者の主張を捉える❼❽

⑧⑨外来種について調べた文章を書き，読み合って感想を伝える

❶特に驚いたこと、初めて知ったことは?（第1時）

初めて知ったことはありますか？　特に驚いたことは何段落に書かれていますか？

第9段落です。カミツキガメが実は、おとなしい生き物だったなんてびっくりしました。

第12段落です。田んぼでかまれてしまうことを知り、怖くなってしまいました。

指導内容　内容理解

書かれていることの大体を把握する時間です。まず、文章を読む前に、題名や扉のページを見て、知っていることを交流します。次に、全文を通読し、教科書の写真も使って内容を確認します。その後、この発問を行い、初めて知ったことについて伝え合う活動を行います。各自が段落を一つ選択した上で話し合いに入ることで、参加度を高めます。

❷別の題名の方がいいのでは?（第1時）

「悪者か」では、どちらか分かりません。「悪者だ（ではない）」と言い切った方がいいですよね？

題名ではっきり言い切ってしまうと…。

悪者かそうでないか、どちらか分からないから興味をもって読めるようになる気がします。

指導内容　題名の工夫

題名には、読み手の興味を引き付ける工夫がなされていることへの気付きを促す発問です。❶の発問で、「カミツキガメのことが分かりやすく理解できた」という趣旨の発言を取り上げた上で、「題名も分かりやすくすると、もっといいのでは？」と投げかけます。本来の題名のよさを中心に話し合い、題名における筆者の意図について解釈し合います。

❸今までに学習した文章との共通点は？　（第2時）

今までに説明文で勉強したことは何ですか？「カミツキガメは悪者か」にもありそうですか？

問いの文が書かれているのは、これまでの説明文と似ています。

答えが書いてあるのはどこかな。

指導内容　**二つの問いと答え**

一文の中に二つの問いが含まれていることへの気付きを促す発問です。今までの説明文との共通点として、「問いの文」に関する発言を取り上げた上で、「問いについて、少しレベルアップしたところはある？」と問います。また、それぞれの答えが離れたところに書かれていることも整理し、これまでの教材との差異として確認します。

❹問いと答え以外の文は必要ないのでは？　（第3時）

問いと答えがずいぶん離れた段落に書かれています。間の文はない方が分かりやすいですよね？

確かに問いと答えだけが書いてあると分かりやすいけど…。

問いと答えの間に、詳しい説明があるから、松沢さんの苦労がよく分かります。

指導内容　**離れた問いと答え**

「中」に書かれた説明の重要性への気付きを促すのがねらいです。「問い」と「答え」の間における文章からは、筆者の熱心な観察と生き物に対する畏敬の念が感じ取れます。説明文において、「問い」や「答え」に着目して読むことはもちろん重要なのですが、それだけを読み取ればよいということでは決してないことを確認する機会にします。

❺どんな色分けかな?（第4時）

同じ色の仲間のカードは、どれとどれでしょう?

①と⑥の文が、同じ仲間だと思います。どうしてかというと…。

カミツキガメについてが赤色で、筆者の松沢さんが思ったことが青色だから…。

指導内容　**事実と考え**

「観察したこと、及び分かったこと（事実）」と、「筆者の感想や考え」とを整理することがねらいです。第7～9段落や、第10、11段落においては、「事実」と「考え」の両方が書かれています。「事実」と「考え」を別の色のセンテンスカードにして提示し、楽しく色分けの活動に取り組む中で、「事実」と「考え」とを見分ける方法を確認します。

❻ある段落（事例・場面）がなかったら?（第6時）

田んぼのおじさんと漁師さん、どちらか一人の事例があれば十分ですよね?

一人の話だけでは、困っていることがしっかり伝わらない気がします。

足をかまれることと獲れた魚が逃げること、二つがあると…。

指導内容　**事例の選択の意図**

事例選択の意図を整理することをねらう発問です。数あるカミツキガメの被害に関する事例の中でも、本教材の二つの事例を選んだのには、筆者の意図があるはずです。「足をかまれてしまいけがをする可能性があること」「網を破られて魚に逃げられてしまうこと」という二つの事例が紹介されることで、より多面的な被害を知ることができます。

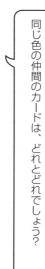

❼別の○○の方がいいのでは？　（第7時）

「わたしたち一人一人が、カミツキガメをかうときの～考えたいです」に変えてもいいかな？

最後は「カミツキガメ」ではなく、「生き物」とした方が…。

「考えなければなりません」の方が、筆者の気持ちが強く伝わる気がします。

指導内容　**筆者の主張・意見文**

主張を説得的に伝える筆者の工夫について考えることを促します。結論部において筆者は、あえて「生き物」と一般化し、「考えなければなりません」と強い表現を用いています。「カミツキガメの説明文だから…」「ちょっと言い方がきついから…」などと、前置きをした上で、右の発問のように、教科書と異なる表現を示してゆさぶります。

❽作者・筆者のねらい（気持ち）は？　（第7時）

筆者はどのような目的で、第16、17段落を書いたのでしょうか？

筆者の主張が書かれていて、第18段落が大切なことが分かったけど…。

第16、17段落は必要だと思います。なぜかというと…。

指導内容　**筆者の主張と主張を支える理由**

主張を支える理由を述べた段落への着目を促す発問です。❼の発問で、第18段落の主張を捉え、その上でこの発問を投げかけます。第17段落は自然から取り除かれるカミツキガメが幸せでないこと、その前の第16段落では自然から取り除かれる理由が書かれています。二つの段落に書かれていることが、筆者の主張を支えていることを確認します。

４年・説明文

「未来につなぐ工芸品」（光村）

【主な指導内容】 教材内容（◎）／教科内容（◆既出　◇新出）

◎工芸品を未来に残す理由と筆者の考え
◇説明の方法と効果（意味段落・具体例・資料）　◇要約の方法（縮約）
◇批判的な読みの方法（情報の不足や偏り）

重点をおく指導内容①　要約の方法（縮約）

ここでは，文章の内容を端的に紹介するという目的のために要約を行う。文章全体の内容を短くまとめる要約は，「縮約」と呼ばれる要約の仕方である。各段落の中心となる文や言葉を選び，文章の構成や表現をそのまま生かしてつなげる方法である。要約をする際には，段落の中心文を見つけることがポイントとなる。自分の言葉を補って文章をつなげる必要があることについても確認したい。

重点をおく指導内容②　具体例を挙げる効果

本教材の中で扱われている二つの事例には，ともに具体例が示されている。抽象的な中心文を補う形で具体例が示されており，「例えば」や「…を例に」のように，中心文と具体例とがはっきりと書き分けられているため，具体と抽象の指導がしやすい。また，要約をする際には具体と抽象のどちらを活用するのがよいのかについても，考えられるようにしたい。

重点をおく指導内容③　資料

筆者は，第４段落において，補足資料を示しながら説明を行っている。子どもたちの生活経験からは想像しにくい場面を補足するために，資料が提示されていると考えられる。どの資料を使うのか，どんな意図で資料が使われているのかについて考えるとともに，次の単元のリーフレットづくりでは，資料を活用して説明が行えるよう文章と資料を対応させながら書くことができるようにしたい。

単元を通して取り組む言語活動

―書評を書こう―

「未来につなぐ工芸品」を読んで書評を書く活動である。書評の前半に「要約」，後半に「批判的な読み」を書くことによって，学習内容を活用することができる。

「要約」に関しては，丁寧に指導すればするほど多くの子どもが似たような文章になっていくだろう。一方で，「批判的な読み」に関しては，子ども一人一人の考えにずれが出てくる。筆者の文章は工芸品のメリットばかり述べていて，デメリットについては述べられていない。日常生活の中に工芸品をあまり見ない点や使いにくい点などを中心に論を展開すれば批判的に読むこともできるだろう。

要約文を伝え合う活動で終わらせるのではなく，自分の考えを付け足して伝え合うことで，子どもたちが意欲的に伝え合うことができると考えられる。

単元の流れ（全8時間）

第1次　①文章を読み，工芸品を使いたくなったか話し合う❶
②第3段落を読み，具体例を用いて説明するよさについて話し合う❷❸
③第4段落を読み，資料の効果について話し合う❹❺
④第5，6段落を読み，「序論・本論・結論」について話し合う❻
⑤「終わり」の段落で書かれている内容と事例との関係について話し合う❼
⑥要約の方法を知り，200字以内で要約する
⑦工芸品を使いたくなったか話し合い，書評を書く❽
⑧書評を交流する

❶5段階で表すとしたら？（第1時）

初めて文章を読んで、どれくらい工芸品を使ってみたくなりましたか？

僕は工芸品のよさが分かって使ってみたくなったから5かな。

使いにくそうだからそんなに使いたくないかも…。

指導内容　内容理解・批判的な読み

どれくらい使ってみたくなったかを話し合うことを通して、内容理解を促すことを目的とした発問です。「工芸品を手に取ってみてほしい」という筆者の主張を捉えた上で、どれくらい使ってみたくなったかを5段階で表す活動に取り組みます。なぜ使ってみたいか（または使ってみたくないか）を、文章を根拠に話し合うことで内容理解を深めます。

❷一番大事な文（段落・資料）は？（第2時）

第3段落の中で一番大事な文はどの文かな？

「理由は」と書いてあるから、最初の文が大切かな？

最初の文と最後の文は似ている気がする。

指導内容　段落内の双括型

大事な文はどれかを話し合う活動を通して、最初の文と最後の文が同じことを述べていることへの気付きを促します。要約するにあたっては、中心となる文を探すことが必要になります。段落内において、中心文が二度繰り返されていることを押さえることで、どちらか一方を活用して要約すればいいことを指導することができます。

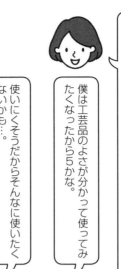

❸事実や具体例がなかったとしたら？ （第2時）

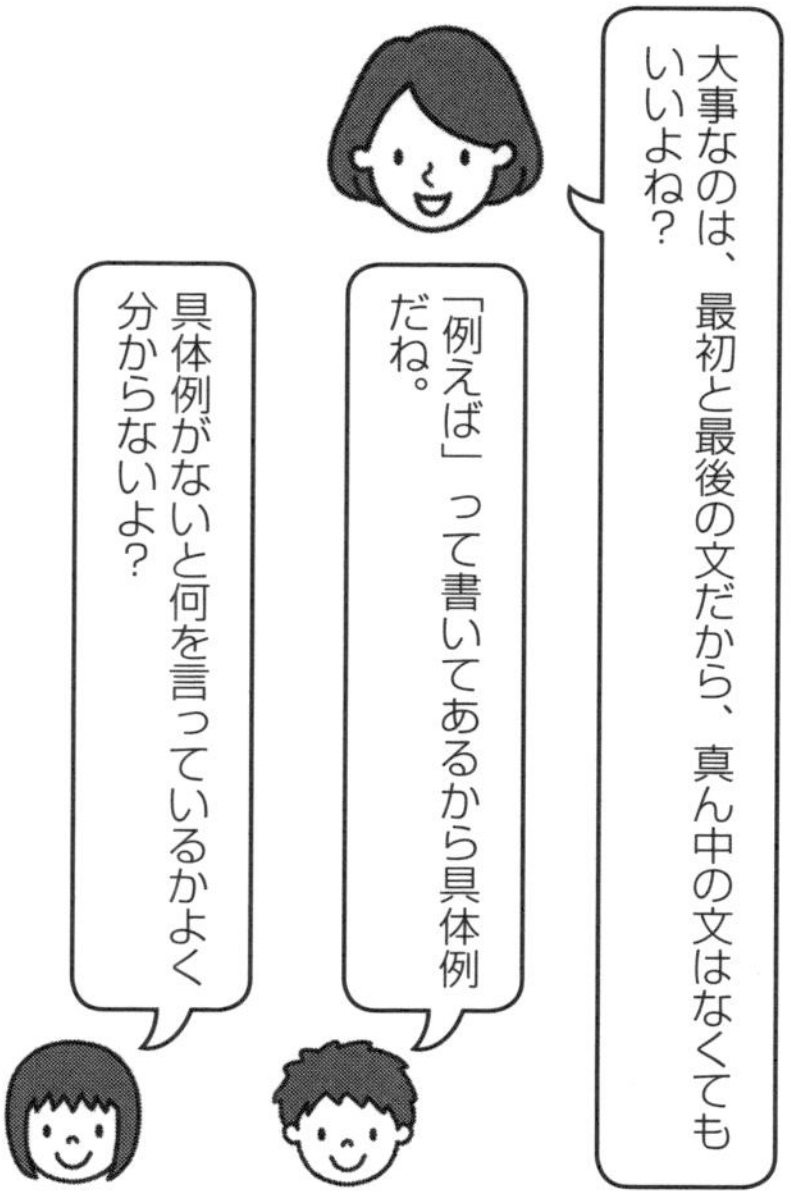
大事なのは、最初と最後の文だから、真ん中の文はなくてもいいよね？
「例えば」って書いてあるから具体例だね。
具体例がないと何を言っているかよく分からないよ？

指導内容 具体例

❷で大事な文について話し合った後に、具体例のよさについて考えることを目的としたゆさぶり発問です。筆者の考えを、より分かりやすく伝えるために、具体例が示されているということへの気付きを促すのがねらいです。次の単元の「リーフレットづくり」でも、具体例を活用して説明することができるようにします。

❹今までに学習した文章との共通点は？ （第3時）

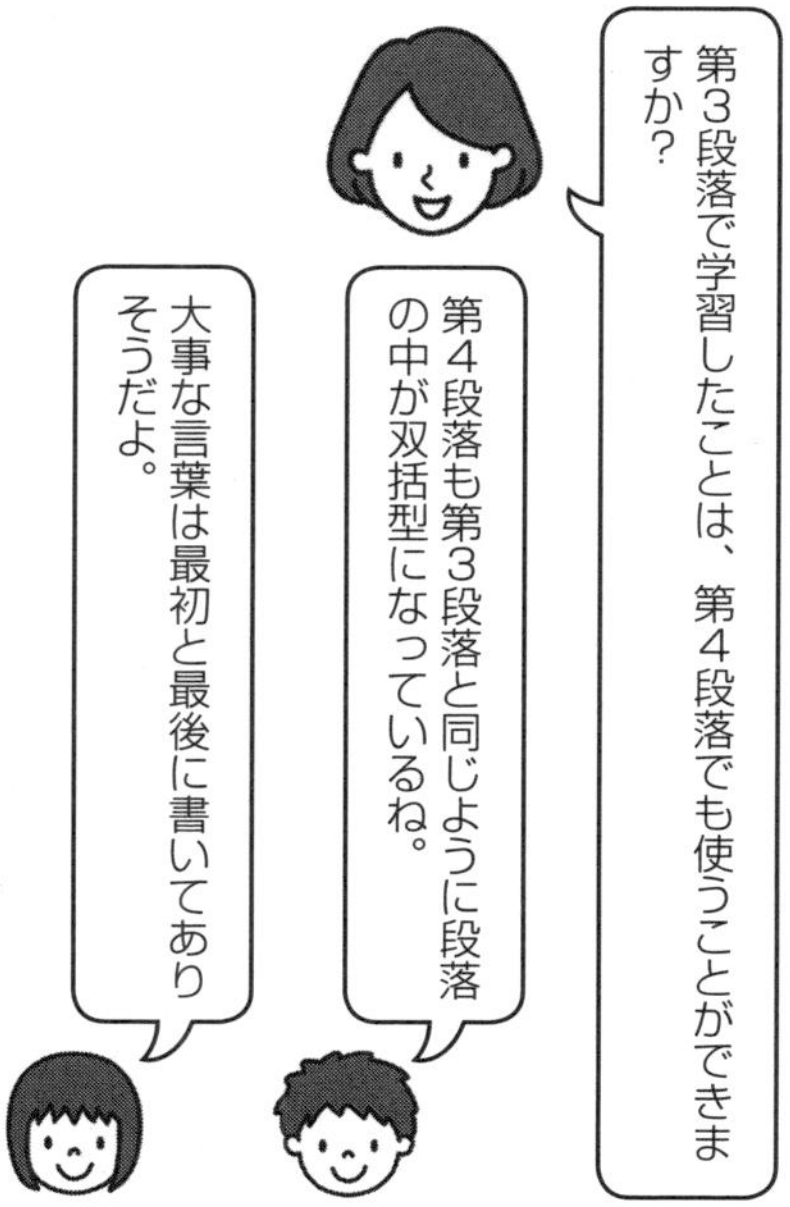
第3段落で学習したことは、第4段落でも使うことができますか？
第4段落も第3段落と同じように段落の中が双括型になっているね。
大事な言葉は最初と最後に書いてありそうだよ。

指導内容 段落内の双括型

第3段落と第4段落を比較し、同じように段落内が双括型になっていることを確認するための発問です。前時の学習についての理解度を確認することにもつながります。本時では、さらに一歩踏み込んで、最初に書かれている筆者の主張と、最後に書かれている筆者の主張の、どちらを要約で使うのかを話し合ってもいいでしょう。

❺一番大事な文（段落・資料）は？　（第3時）

写真①～③の中で、1枚だけ使えるとしたらどの写真を残しますか？

どの写真も大切だな。

写真③ははけが出ているから大事だと思うな。

指導内容　**資料**

大事な資料について話し合うことを通して、それぞれの資料を提示している筆者の意図を解釈します。「全ての資料は、意図をもって示されている」ということを確認するのがねらいです。ここでの学習は、次の単元における、「資料を活用したリーフレットづくり」に生かされます。明確な意図をもって、資料を用いることができるようにしたいところです。

❻分類できますか？　（第4時）

第5、6段落は「中」ですか？「終わり」ですか？

「終わり」かな。「このような理由から」と書いてあるから…。

でも、第7段落にある筆者の主張が「終わり」だとすれば、「中」だとも思えるよ。

指導内容　**「終わり」の段落の役割**

第5、6段落は、「中」か、それとも「終わり」なのかを話し合う活動を通して、筆者の考えを捉えたり、第6、7段落の役割を考えたりすることが目的です。第6段落でエピソードの紹介をすることによって、「職人」の範囲が拡張されます。第7段落における読者への呼びかけをするために、このエピソードが紹介されていると考えられます。

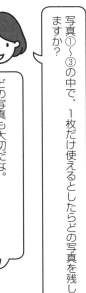

❼○○は必要ないのでは？　（第5時）

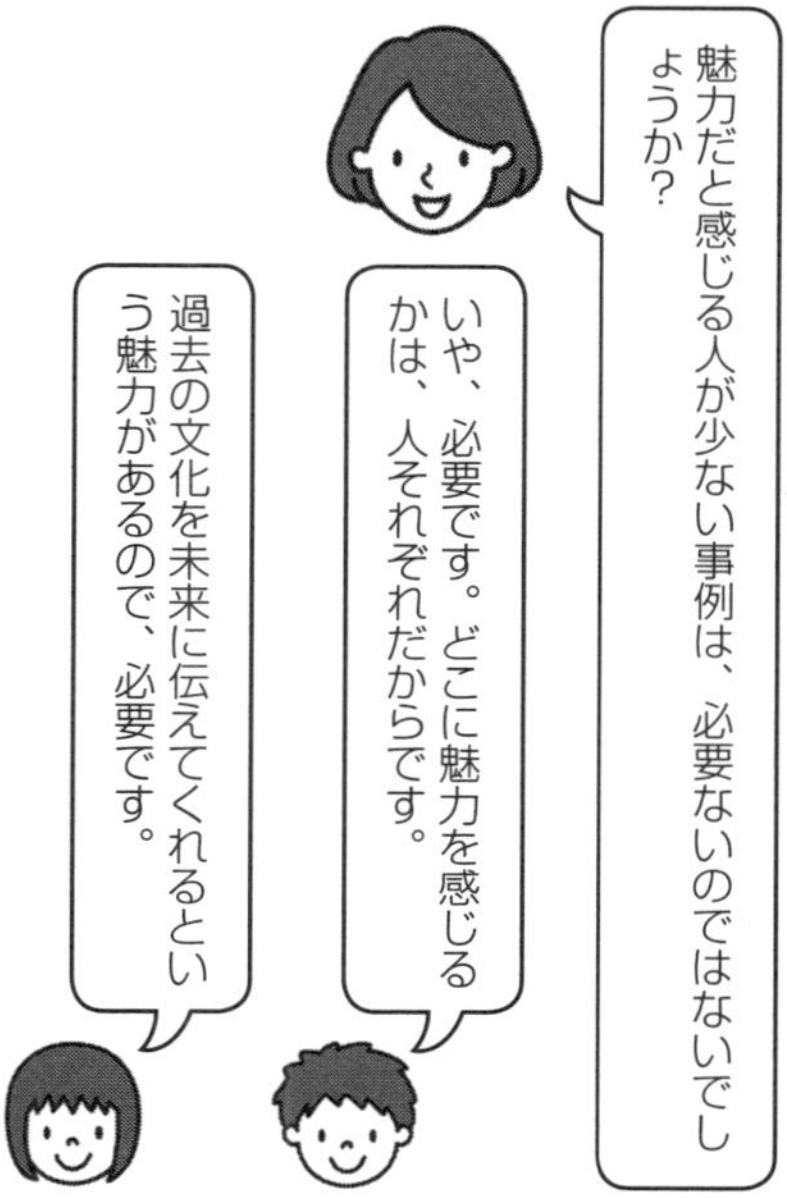
魅力だと感じる人が少ない事例は、必要ないのではないでしょうか？
いや、必要です。どこに魅力を感じるかは、人それぞれだからです。
過去の文化を未来に伝えてくれるという魅力があるので、必要です。

指導内容　**主張を支える事例**

「終わり」の段落で書かれている筆者の主張と、事例との関係を整理するための発問です。第3段落と第4段落の内容のどちらに魅力を感じるかについて話し合った上で、右のように発問をします。どこに魅力を感じるかは人それぞれであり、またそれぞれの工芸品には、それぞれの魅力があります。二つの事例と主張とのつながりについて確認します。

❽本当にそう言えますか？　（第7時）

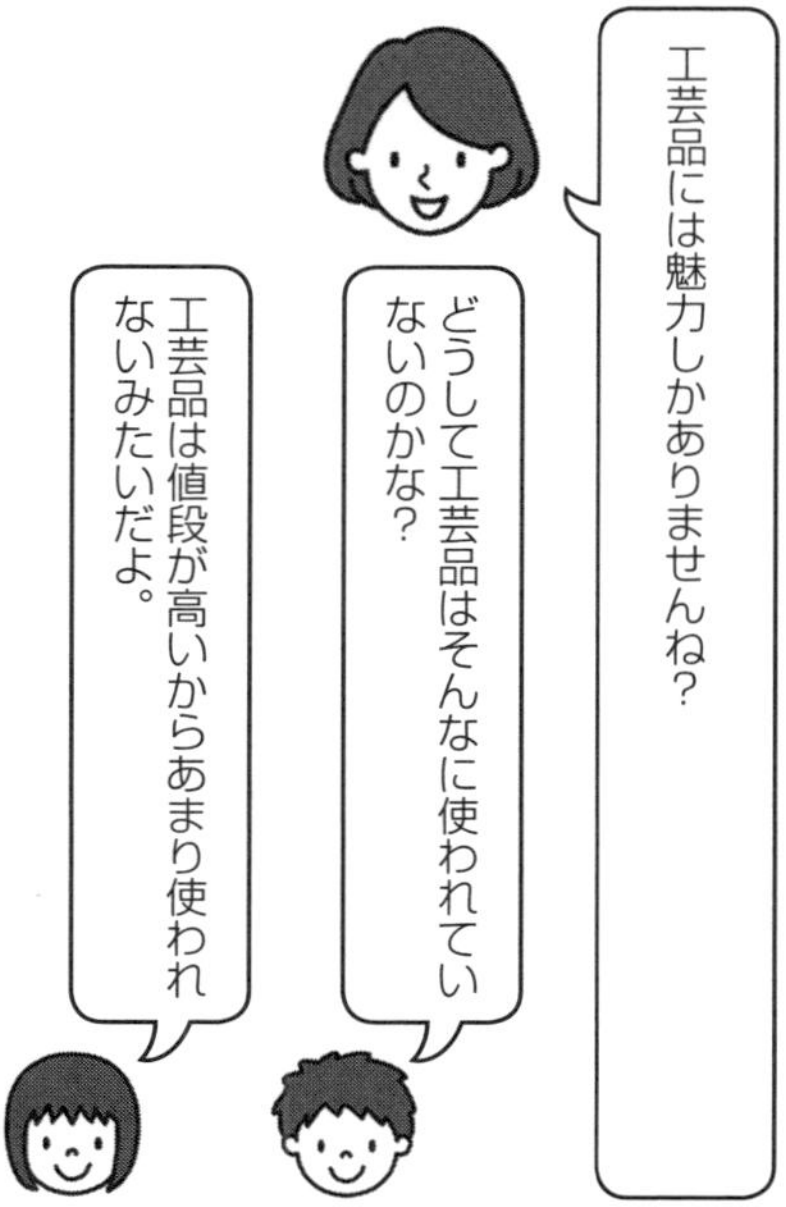
工芸品には魅力しかありませんね？
どうして工芸品はそんなに使われていないのかな？
工芸品は値段が高いからあまり使われないみたいだよ。

指導内容　**批判的な読み**

筆者の主張に対して、あえて反対の立場の意見を提示することで、子どもたちの考えを広げることを目的とした発問です。本教材では、工芸品の魅力は紹介されていますが、工芸品を使う人が減っている理由については書かれていません。書かれていることだけでなく、書かれていないことについても、意識を向けることの大切さへの気付きを促します。

4年・説明文

「風船でうちゅうへ」（光村）

【主な指導内容】 教材内容（◎）／教科内容（◆既出　◇新出）

◎風船を使って宇宙から地球の撮影を試みる筆者の努力

◆資料の効果（図・写真）

◇目的や興味に応じた要約

重点をおく指導内容①　内容理解（筆者の努力の過程）

本教材は，筆者の努力の過程が事実に基づいてまとめられた「報告文」である。いつか宇宙へ行くものを自分の手で作りたいと思ったことをきっかけに，実際に宇宙から地球を撮影できるようになるまで努力し，試行錯誤する過程が書き留められている。文章中に何が書かれているかを把握し，内容を理解するのはもちろんのこと，筆者の努力の過程にも寄り添いながら読めるようにしたい。

重点をおく指導内容②　興味をもったことの明確化

本教材は，自分が興味をもったことを中心に紹介することを単元のねらいとして掲げている。「風船でうちゅうへ」という題名に始まり，子どもとして関心を引き付けられる内容になっているからこそ，どの部分に最も興味をもったのかを明確にし，端的に紹介できるように指導していく必要がある。どこに・どのように・どれだけ興味をもったのかをはっきりさせ，文章表現できるように促していきたい。

重点をおく指導内容③　「紹介」という目的に応じた要約

先にも述べたように，本単元の最終目的は，自分が興味をもったことを中心に紹介することである。ゆえに，「紹介する」という目的に応じてテキストを要約することが求められる。自分が興味をもったことが何なのかを明確に示しながら，それを受け手に伝わるようにまとめられるようにするには，相手意識をもち，読み手の立場をイメージしながら書くことを意識させる必要があるだろう。

単元を通して取り組む言語活動

―興味をもったことを中心に，紹介しよう―

本文の中で自分が興味をもったことを取り上げ，それを端的にまとめながら紹介する文章を書く活動である。

本文を読み，どんなところが印象に残ったのかを交流した後に，自分が興味をもったことを中心に取り上げながら紹介する文章をまとめようと呼びかける。説明文の前教材「未来につなぐ工芸品」で学習した「要約」を確認し，興味をもったところを要約しながら紹介文としてまとめることを提示する。

本文のどこに魅力を感じたのか，どんなところがすごいと思ったのか，読み手として素直に感じたことや思ったことを表現するように促すことで，筆者の努力の過程を辿りながら考えることができるだろう。また，そうした筆者の努力や苦労にふれながらまとめる中で，読み手を意識しながら文章表現できるように促していきたい。

単元の流れ（全8時間）

第1次　①既習事項を確かめた上で，題名やリード文から文章内容を想像する。本文を読んだ後，印象に残ったことを交流する。本単元の学習の見通しをもつ❶❷

第2次　②本文を読んで感じたことを伝え合う❸❹

③補助教材「もっと読もう」を読み，興味をもったことを交流し，言語活動を設定する❺❻

④興味をもったことに沿って大事な段落や文，言葉を抜き出し，要約文を作る❼❽

⑤要約文を読み合い，興味をもった部分を交流する

第3次　⑥⑦構成を理解し，紹介文を書く

⑧書き上げた文章を読み合う

❶特に驚いたこと、初めて知ったことは？　（第1時）

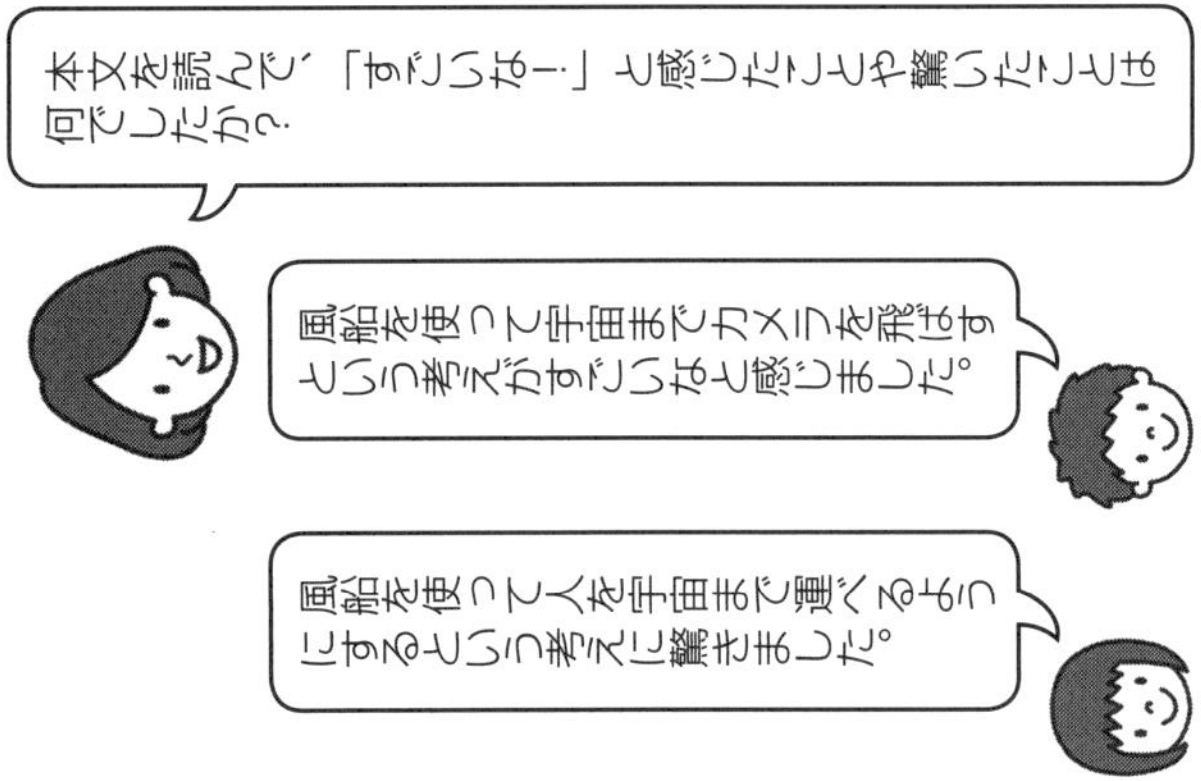
本文を読んで、「すごいな！」と感じたことや驚いたことは何でしたか？
風船を使って宇宙までカメラを飛ばすという考えがすごいなと感じました。
風船を使って人を宇宙まで運べるようにするという考えに驚きました。

指導内容　内容理解

本文を読んで、率直に感じたことや思ったことを表現し、交流するための発問です。風船を宇宙まで飛ばして撮影するという筆者の努力や発想に驚く子どもは、きっとたくさんいるでしょう。文章を読んで素直に感じたことを気兼ねなく交流できる場を用意することで、本文を読み深めようとするきっかけをつくることが大切です。

❷特に説明が上手だと思う文は？　（第1時）

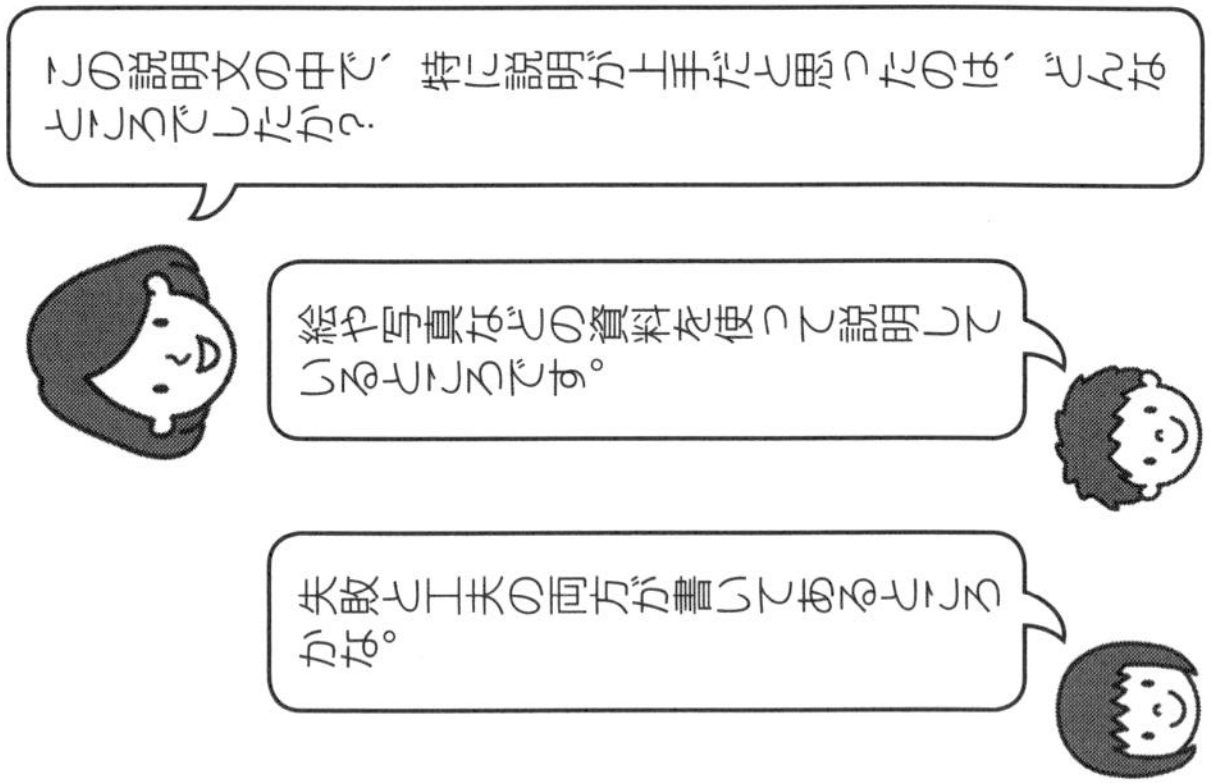
この説明文の中で、特に説明が上手だと思ったのは、どんなところでしたか？
絵や写真などの資料を使って説明しているところです。
失敗と工夫の両方が書いてあるところかな。

指導内容　説明の工夫

❶の交流を行った後に投げかける発問です。すごいと感じたところや驚いたところは、子どもによって異なると思いますが、そうした読み手の関心を引き付けるような書き方の工夫はどんなところにあるのかを考えるようにすることが重要です。説明の仕方にどんな工夫があるのかを考え、交流することで、説明文の形式面に着目できるようにしましょう。

❸今までに学習した文章にない新発見は？（第2時）

これまで学習してきた説明文と違うところは、どんなところでしょう？

筆者自身がいろいろ試して、失敗したり成功したりしたことが書かれている。

どんな工夫をしたか、どんな苦労があったかが、時間の流れに沿って書かれています。

指導内容　文種の確認

「報告文」という特徴をもった説明文だと確認する発問です。これまで読んできた説明文と比べると異なる点はさまざまありますが、筆者が試行錯誤しながら努力してきた様子が、時系列に沿って書かれている点が大きな特徴です。これまで読んだ説明文を具体例として挙げながら、書かれ方にどのような違いがあるかを考えるのもよいでしょう。

❹一番大事な文（段落・資料）は？（第2時）

いくつか載せられている資料の中で、一番大事な資料はどれだと思いますか？

図⑤です。本文に書かれていることをイメージできるように地図になっているので。

ついに写真撮影に成功した宇宙からの様子が写っているので、図⑦だと思いました。

指導内容　資料の効果

本教材で用いられている図の効果を考える発問です。使用されている資料は、どれも読み手の理解を促す補助的な役割をもっていますが、その中でも、どれが一番大切なのかを話し合うことで、資料の効果や価値について考えられるでしょう。理解の手助けが必要な箇所を追っていく中で、資料の必要性について無理なく考えることができるはずです。

❺特にいいな（なるほどな）と思った文は？　（第3時）

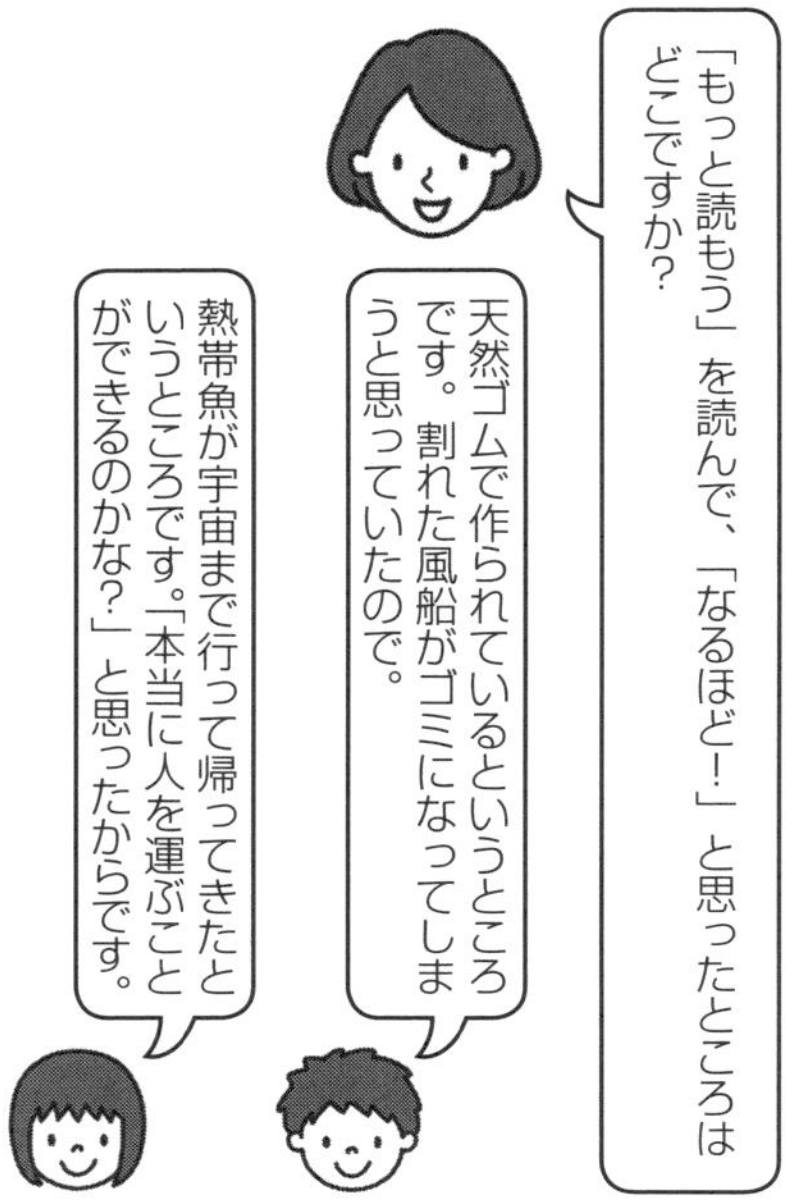
「もっと読もう」を読んで、「なるほど！」と思ったところはどこですか？
天然ゴムで作られているというところです。割れた風船がゴミになってしまうと思っていたので。
熱帯魚が宇宙まで行って帰ってきたというところです。「本当に人を運ぶことができるのかな？」と思ったからです。

指導内容　**内容理解**

補助資料として掲載されている「もっと読もう」に書かれている内容を把握するための発問です。補助資料を読んで関心をもったところが、説明文を読んで興味をもったところとつながってくるはずです。「なるほど！」と感じたところを出し合い、交流することで、子どもたち同士が、どんなところに興味をもったのかを共有できるようにしましょう。

❻一番大事な文（段落・資料）は？　（第3時）

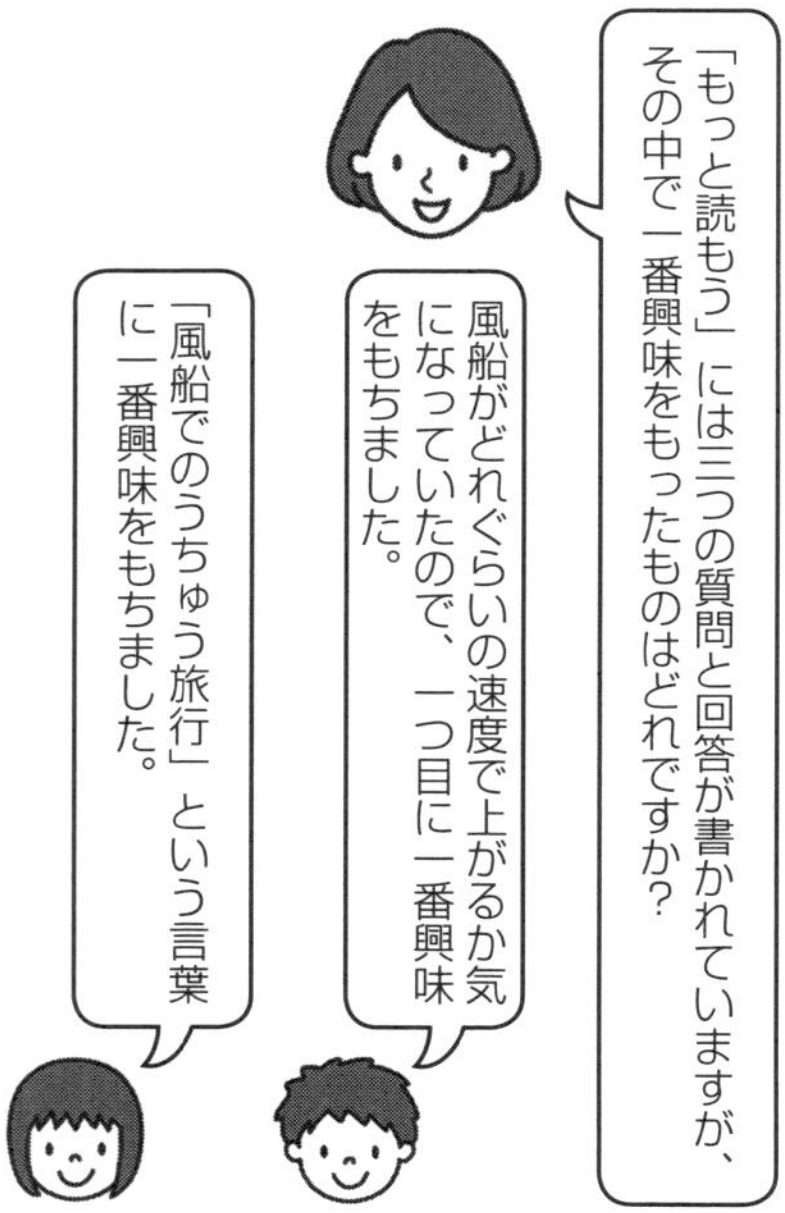
「もっと読もう」には三つの質問と回答が書かれていますが、その中で一番興味をもったものはどれですか？
風船がどれぐらいの速度で上がるか気になっていたので、一つ目に一番興味をもちました。
「風船でのうちゅう旅行」という言葉に一番興味をもちました。

指導内容　**内容理解**

「もっと読もう」には、筆者への質問と回答が三つ書かれています。それらを比べて考えるための発問です。三つのうち、どれに一番興味をもったかを交流することで、改めて文章のどんなところに興味をもったのかを明確にすることができます。次時に行う要約につなげていくためにも、どこに興味が湧いたのかを共有します。

❼作者・筆者のねらい（気持ち）は？（第4時）

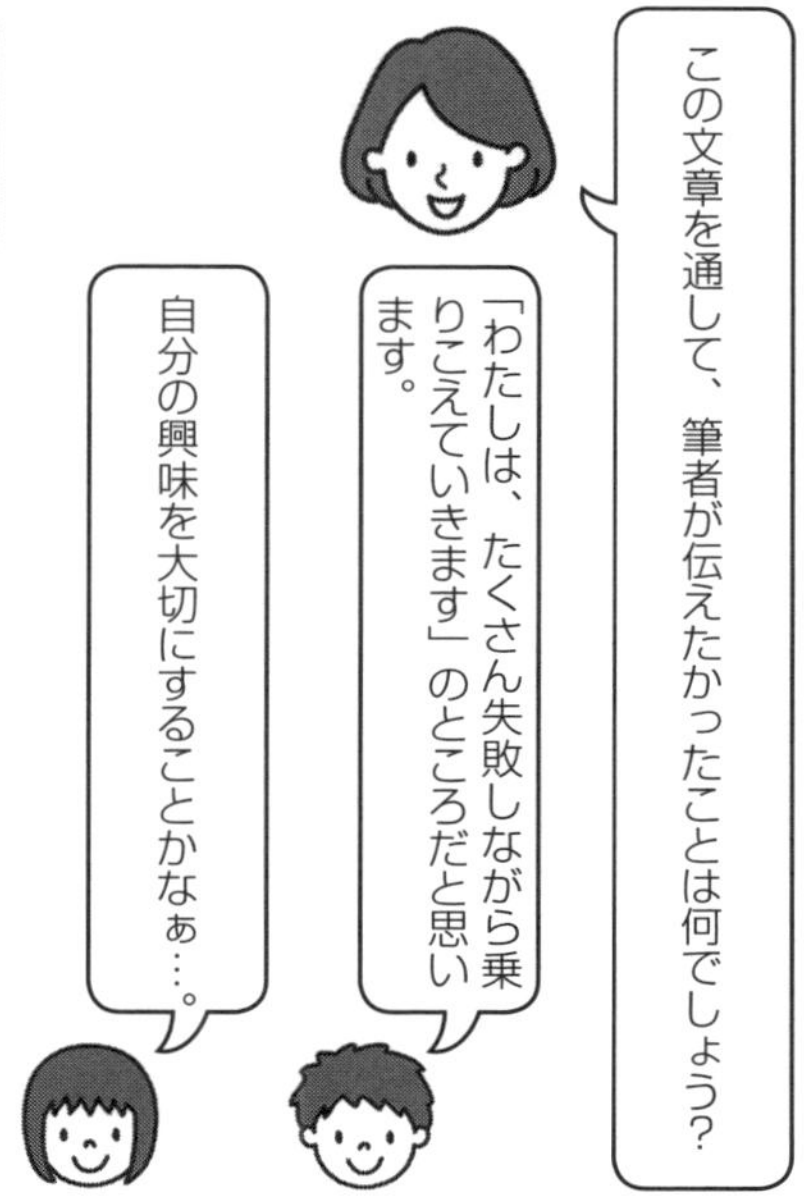
この文章を通して、筆者が伝えたかったことは何でしょう？
「わたしは、たくさん失敗しながら乗りこえていきます」のところだと思います。
自分の興味を大切にすることかなぁ…。

指導内容　筆者の主張

筆者が伝えたいことを考え、紹介文をまとめる観点を得るための問いかけです。紹介文は、単に要約だけでなく、どんな話かも含めてまとめます。したがって、何をねらって書かれた文章なのかを把握する必要があります。子どもから出てきたさまざまな意見をもとに、どのような話なのかを文章化して、ノートにまとめる時間をとるとよいでしょう。

❽特にいいな（なるほどな）と思った文は？（第4時）

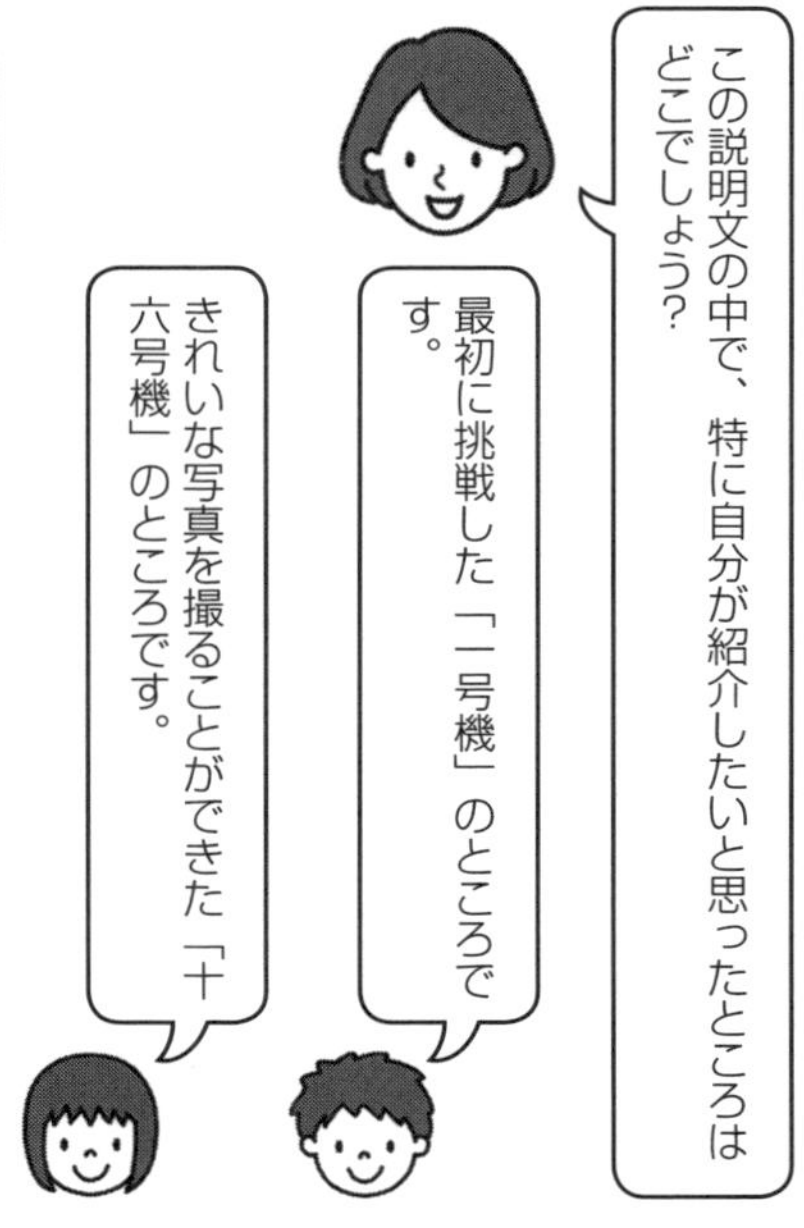
この説明文の中で、特に自分が紹介したいと思ったところはどこでしょう？
最初に挑戦した「一号機」のところです。
きれいな写真を撮ることができた「十六号機」のところです。

指導内容　要約の観点

自分が興味をもったところがどこかを明確にし、要約の的を絞るための発問です。まずは、どこを紹介したいと思ったのか、どうして紹介したいと思ったのか、自分の考えをノートに書きます。そこから、同じ箇所を選んだ友達を見つけて交流し、得られた情報をもとに自分の考えを更新することで、要約の的を絞り込むことができるでしょう。

5年・説明文

「インターネットは冒険だ」(東書)

【主な指導内容】 教材内容(◎)/教科内容(◆既出　◇新出)

◎インターネットの特徴と危険性・筆者の考え
◇要旨(要旨の把握の方法)
◇説明の方法と効果(譲歩構文・仮定法)

重点をおく指導内容①　要旨の把握

本教材において,筆者は,特徴と危険性を理解することで,インターネットを楽しみながら活用することができると主張している。そこで,本単元では,「特徴」「危険」といったキーワードに着目しながら筆者の主張を読み解いていくことで,要旨をまとめられるようにしていきたい。本文を通して筆者が伝えようとしていることが何なのかを理解し,要旨を的確に書けるように指導する必要があるだろう。

重点をおく指導内容②　譲歩的な説明方法のよさや効果

本教材の特徴として,三つの事例全てが「A しかし B」という形式で書かれていることが挙げられる。本教材を通して筆者が真に伝えたいことは,インターネットの危険性であると予想される。しかし,筆者は,それを直接的に述べるのではなく,「A しかし B」という説明方法を用いて譲歩的に述べている。本教材は,こうした譲歩的な説明の仕方を学ぶのに適した教材と言えるだろう。

重点をおく指導内容③　仮定法を用いた説明方法の工夫

本教材は,譲歩的な説明の仕方以外にも,仮定法を用いた説明方法の工夫がなされている。「もしあなたが…としよう」という書き方で仮定的な状況設定を行うことで,読み手が自分ごととして考えられるようにしている。こうした説明の仕方を理解し,そのよさや効果を話し合っていく中で,工夫された説明方法の一つとして習得できるように指導していきたい。

単元を通して取り組む言語活動

—インターネットの危険性を伝えるCMを作ろう—

「インターネットは冒険だ」を読んで，CMを作る活動である。CMは短い時間で必要な情報を的確に伝える必要がある。そのため，制作において，筆者の主張を捉え，要旨を把握する必然性が生じる。CMの時間を調整することで，要旨のボリュームをコントロールし，難易度を変えることもできる。CMづくりでは，ICTを活用する。繰り返し撮り直して編集したり，キーワードを強調して伝え方を工夫したりすることができる。また，互いのCMを見合うような活動も容易に行えるため，交流もスムーズに行うことができる。互いのCMをクラウド上で共有することで，コメントを送り合ったり，友達のCMを見てさらに自分のCMを修正したりする活動も考えられる。また，CMを家庭でも見てもらったり，他学年に発信してコメントをもらったりすることもできるだろう。

単元の流れ（全5時間）

第1次　①文章を読み「序論・本論・結論」に分け，説明文の大体の内容を把握する❶❷

第2次　②それぞれの事例で紹介されているインターネットのメリットとデメリットを分類する活動を通して，譲歩構文のよさについて話し合う❸❹

③第2，3，7，11段落の必要性を話し合うことで，具体例があることのよさについて考える❺❻

④要旨をまとめる観点を明らかにして書く❼❽

第3次　⑤CMを作り，交流する

❶特に驚いたこと、初めて知ったことは？（第1時）

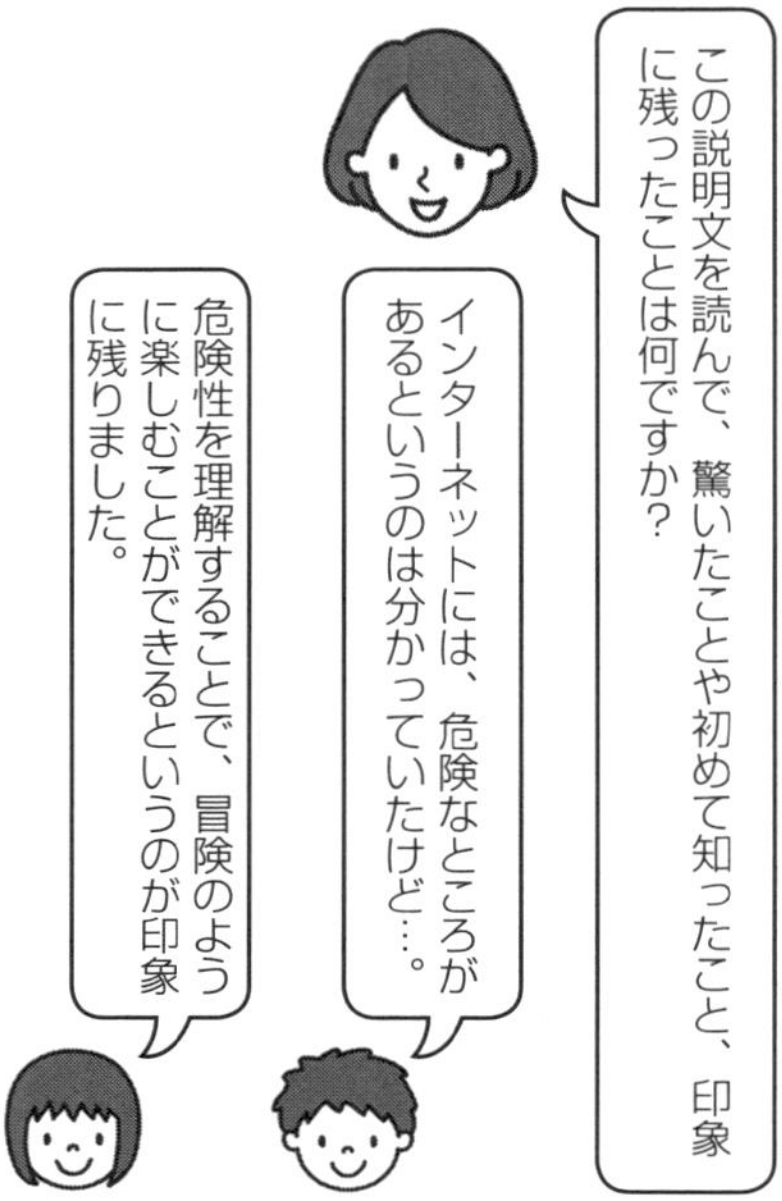
この説明文を読んで、驚いたことや初めて知ったこと、印象に残ったことは何ですか？
インターネットには、危険なところがあるというのは分かっていたけど…。
危険性を理解することで、冒険のように楽しむことができるというのが印象に残りました。

指導内容　**内容理解**

子どもにとって、もはや身近になっている「インターネット」ですが、本文を読むと初めて知ることがあったり、改めて気を付けなければならないポイントがあったりすることを実感するでしょう。本発問は、そうした実感を出し合い、共有できるようにするための発問です。この問いかけを通して、内容に対する興味関心を高められるようにしましょう。

❷何型の文章ですか？（第1時）

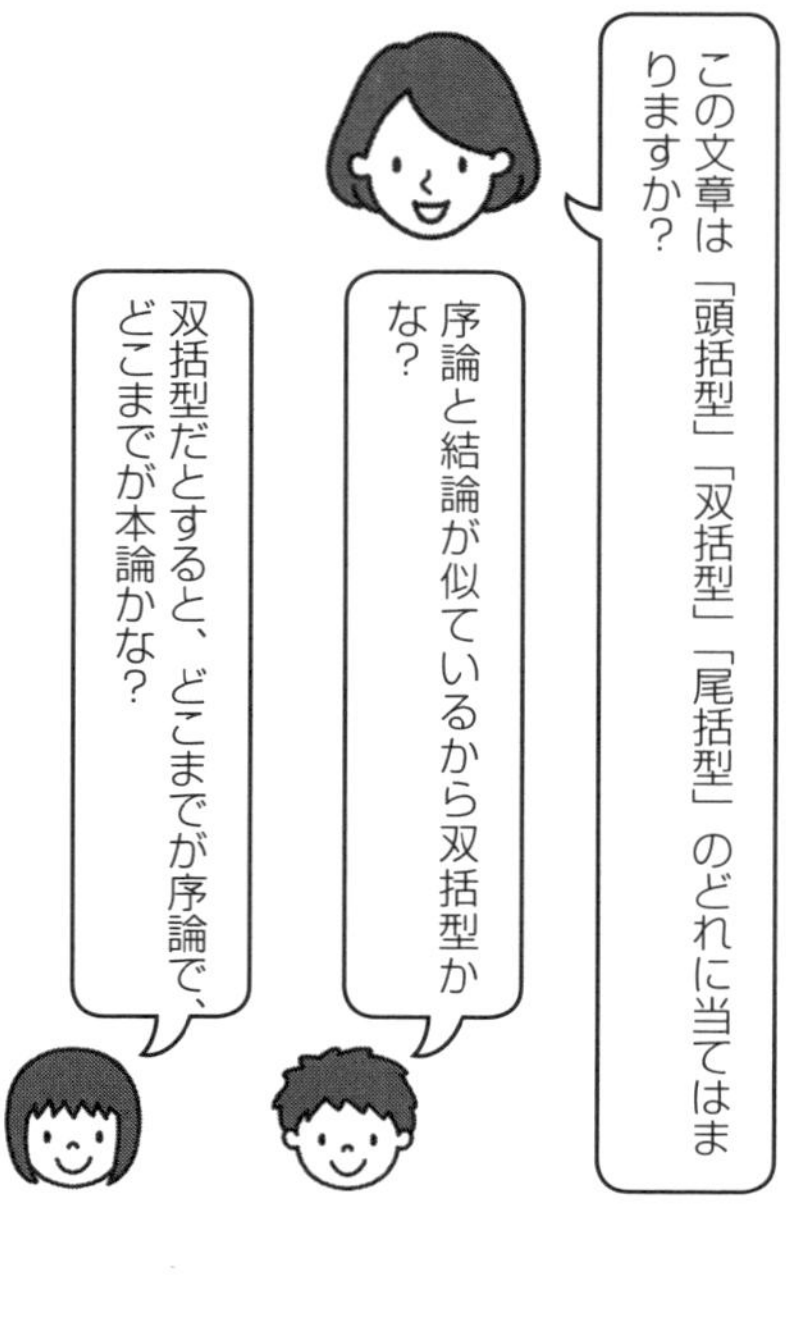
この文章は「頭括型」「双括型」「尾括型」のどれに当てはまりますか？
序論と結論が似ているから双括型かな？
双括型だとすると、どこまでが序論で、どこまでが本論かな？

指導内容　**双括型の文章構成**

双括型の文章構成であることを確かめつつ「序論・本論・結論」がどこで分けられるかを確認することで、文章構造を把握できるようにする発問です。文章構成の三つの型が既習事項である場合に有効です。双括型の文章であることを確認し、「序論・本論・結論」を分けた上で、本論が事例によって三つに細分化されることも押さえておきましょう。

❸分類できますか?（第2時）

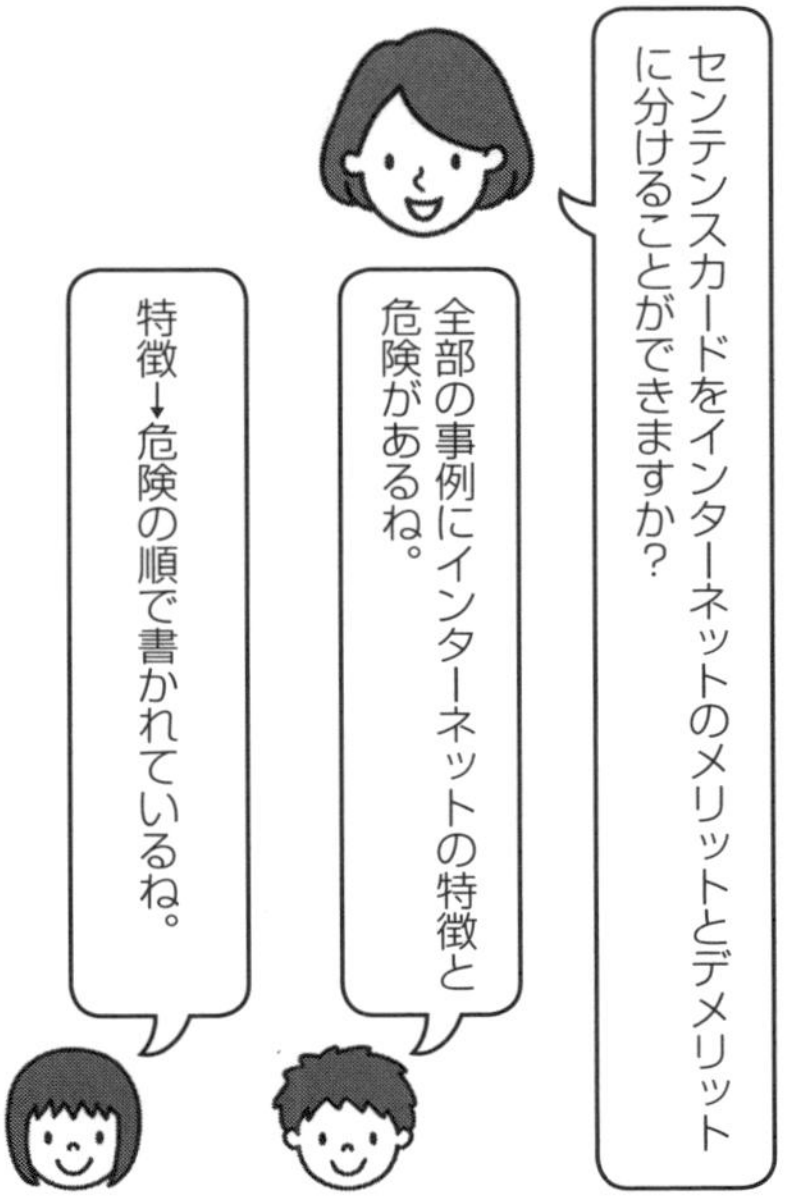
センテンスカードをインターネットのメリットとデメリットに分けることができますか?
全部の事例にインターネットの特徴と危険があるね。
特徴↓危険の順で書かれているね。

指導内容　説明の順序

センテンスカードを分類することで、各事例が、特徴↓危険の順で説明されていることに気付けるようにする発問です。それぞれの事例で説明されている特徴と危険を書き出したカードを用意し、分類していきます。実態に応じてカードを色分けしたり、文章に出てくる順番で貼ったりすることで、無理なく楽しく活動に取り組めるようにしましょう。

❹ある段落（事例・場面）がなかったら?（第2時）

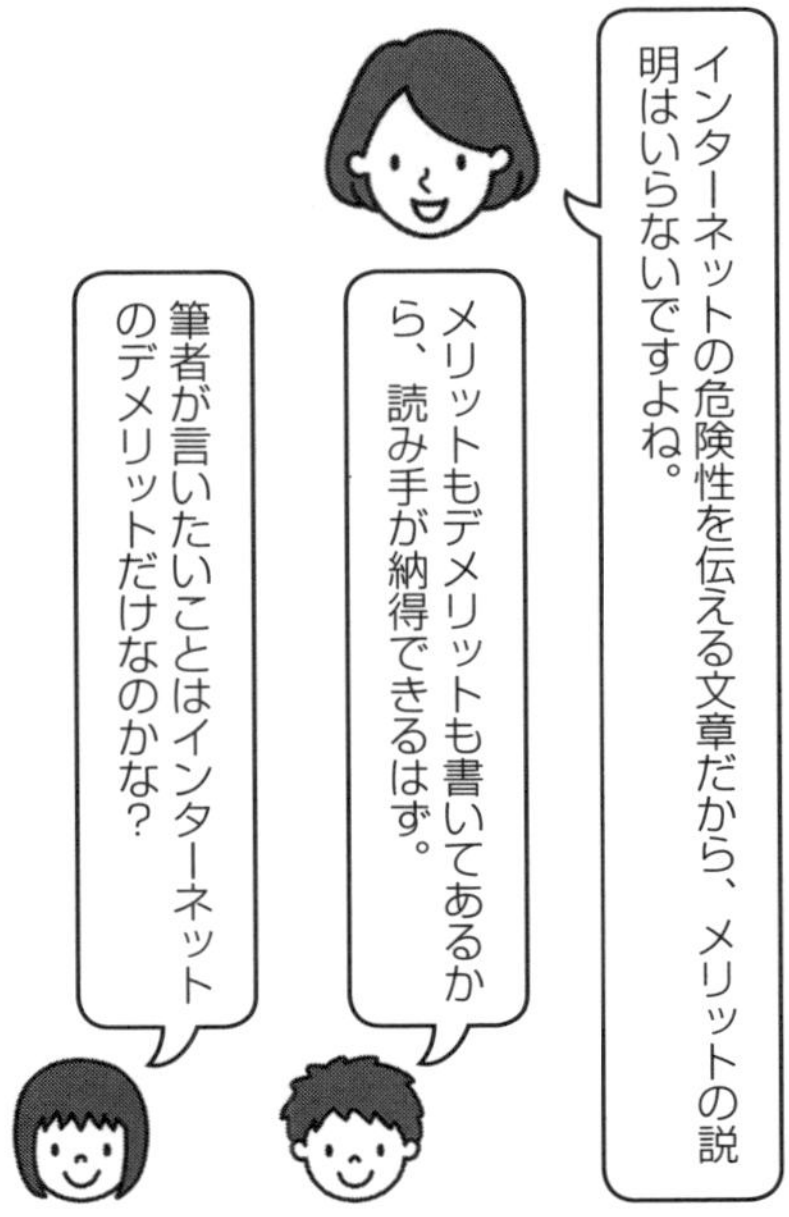
インターネットの危険性を伝える文章だから、メリットの説明はいらないですよね。
メリットもデメリットも書いてあるから、読み手が納得できるはず。
筆者が言いたいことはインターネットのデメリットだけなのかな?

指導内容　譲歩的な説明の工夫

インターネットの特徴について書かれた文章の必要性について話し合うことで、譲歩的な説明のよさに気付けるようにすることをねらった発問です。インターネットの特徴（利点）を述べた上で、危険性に言及するという譲歩的な説明の方法が、読み手に筆者の思いや考えを伝える効果的な手段となっていることを理解できるようにします。

❺〇〇は必要ないのでは？　（第3時）

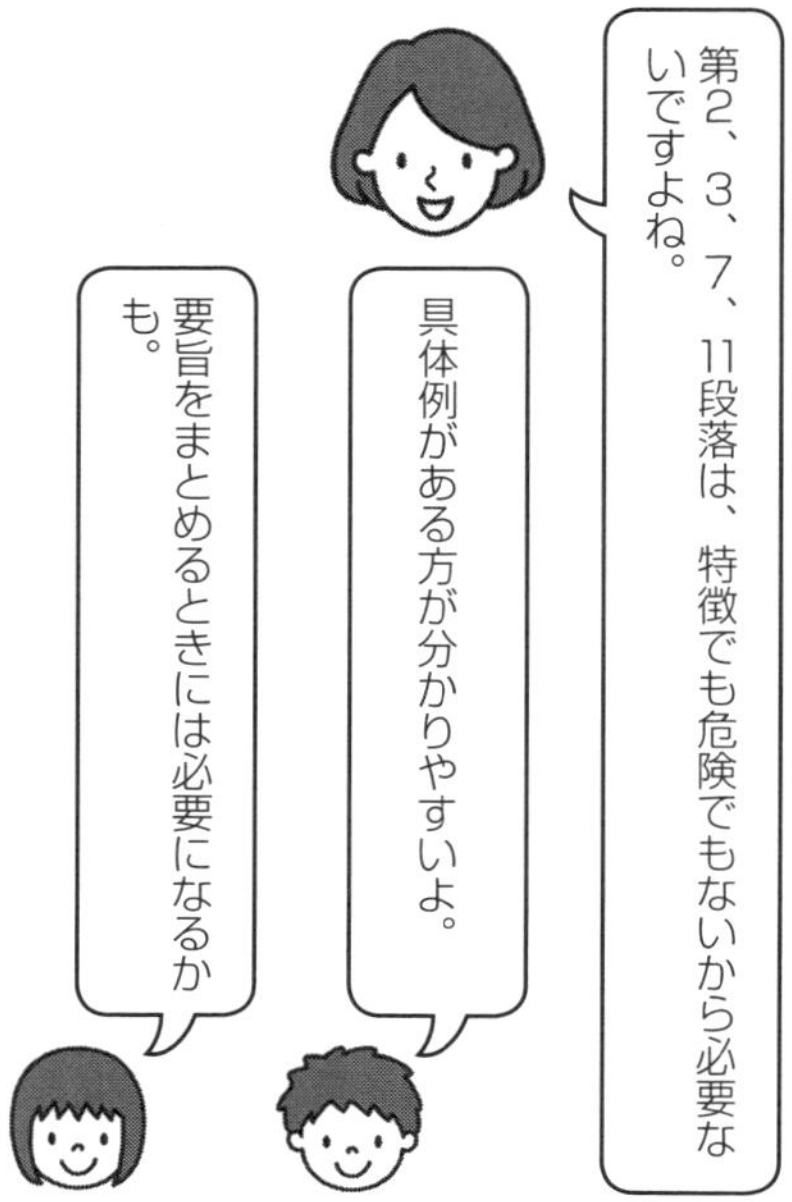
第2、3、7、11段落は、特徴でも危険でもないから必要ないですよね。
具体例がある方が分かりやすいよ。
要旨をまとめるときには必要になるかも。

指導内容　具体例の効果

第2、3、7、11段落の必要性を話し合う活動を通して、具体例の効果やよさを考える発問です。具体例は、ゴシック体にして目立つように書かれていますが、特徴と危険が書かれていないことを引き合いに出し、その必要性を問います。この問いかけに対する意見交流を通じて、子どもたちが、具体例があることのよさや効果に気付けるようにしましょう。

❻別の〇〇の方がいいのでは？　（第3時）

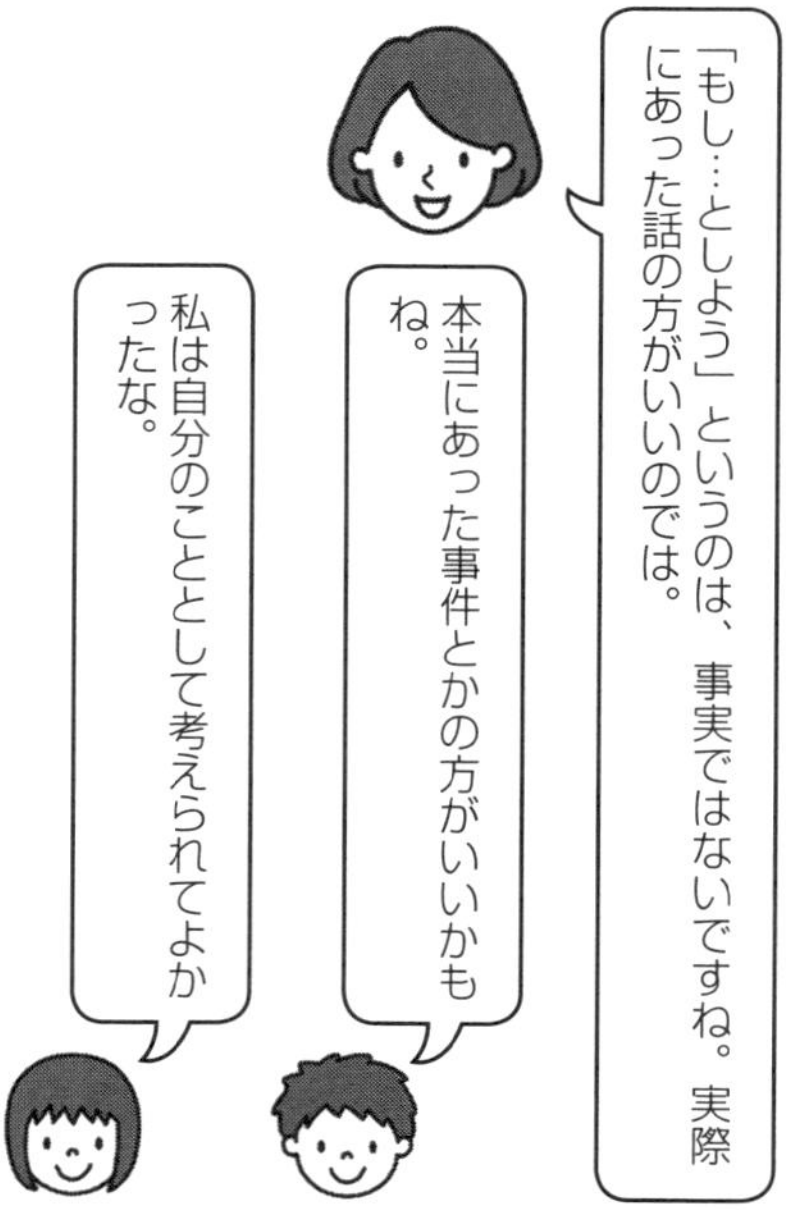
「もし…としよう」というのは、事実ではないですね。実際にあった話の方がいいのでは。
本当にあった事件とかの方がいいかもね。
私は自分のこととして考えられてよかったな。

指導内容　仮定法による説明

「もし…としよう」という表現に着目し、「実際にあった出来事の方がいいのでは？」と投げかけることで、仮定法のよさに気付けるようにする発問です。既習の説明文では、具体例に事実が用いられていることが多かったはずです。仮定的に状況を設定することで、自分ごととして受け止めながら考えられるというよさがあることを押さえておきましょう。

❼作者・筆者のねらい（気持ち）は？　（第4時）

この文章の中で、筆者が伝えたかったことは何だったと思いますか？

さまざまな危険があるということかな。

特徴と危険の二つがあることを理解してほしいということだと思う。

指導内容　筆者の主張

筆者が伝えたかったことが何かを考え、それがどこに書かれているかを確認することで、要旨の把握につながる理解を促すことをねらった発問です。おそらく、多くの子どもが、結論部の第15段落や第16段落で書かれている内容を挙げるはずです。その中からキーワードを押さえ、要旨をまとめる活動につなげていけるようにしましょう。

❽〇〇を加えたとしたら？　（第4時）

具体例は、工夫された書き方がなされていました。これは、要旨の中にも含めた方がいいですよね。

確かに具体例には分かりやすくするための工夫があったけど…。

事実ではないし、必要ないのではないかな？

指導内容　要旨をまとめる観点

「具体例を要旨に加えた方がよいのでは？」と投げかけることで、要旨に必要な要素が何かを考えさせる発問です。具体例は、読者が分かりやすくなるように用いられているものですが、要旨に含めるのがよいというわけではありません。あえてゆさぶりかけるような問いかけをすることで、要旨をまとめる際の観点をはっきりもてるようにしましょう。

6年・説明文

「『永遠のごみ』プラスチック」（東書）

【主な指導内容】 教材内容（◎）／教科内容（◆既出　◇新出）

◎プラスチック製品によるごみ問題と海洋汚染

◎リサイクルに関する法制度とごみ問題の現状

◆構成の確認と主張の把握（双括型・要旨・情報の関連付け）

重点をおく指導内容①　要旨の把握

本教材は，序論と結論に筆者の主張が述べられている双括型の説明文である。まずは文章の構成を捉え，本文で述べられていることは何か，筆者が伝えようとしていることは何なのかを理解できるようにする必要がある。また，要旨をまとめるにあたっては，これまで学習してきたことを踏まえながら，どこに着目し，どのようにまとめればよいかが分かるように指導できるようにしたい。

重点をおく指導内容②　主張の把握（情報を関連付けながら読む）

本教材は，本文以外にも二つの資料が掲載されている。これら二つの資料を本文で述べられていることと関連付けながら読めるようにすることで，筆者の主張を自分ごととして捉え，深刻な社会問題にもなっているプラスチックごみに対する当事者意識がもてるように促していきたい。また，複数の情報と関連付けながら考えることで，より深い次元で文章内容を理解できるという点も押さえておきたい。

重点をおく指導内容③　考えの形成（ごみ問題に対する自分の考え）

筆者が警鐘を鳴らしているプラスチックごみの問題に対する自分の考えをもち，表現するという活動にも重点をおきたい。本教材が，筆者の主張が明確に表れている論説型の説明文であるからこそ，筆者に対する自分なりの考えを表出することができるように促していきたい。また，こうした活動に重点をおくことで，社会問題を受け止め，主体的に考えようとする意識をもてるようにしたい。

第1章

第2章

第3章

単元を通して取り組む言語活動

―「プラスチックごみ」に対する自分の考えをもとう―

「プラスチックごみ」についての自分の立場や考え方を明らかにし，筆者が述べている主張に対する自分なりの考えをまとめて表現する活動である。

本文を読み，近年深刻化するプラスチックごみの問題に対する筆者の考えを確認した上で，プラスチックごみや筆者の考えに対する自分の考えを文章に表そうと呼びかけ，一通りの学習を行った単元の終末に自分の考えを文章化することを伝える。

「序論・本論・結論」という三段構成や，双括型を用いた主張の述べ方を用いながら，プラスチックごみや筆者の考えに対する自分の考えを表現できるように指導する。また，本文の内容だけでなく，資料①や②で述べられていることとも関連付けながら自分の考えをもてるように促していきたい。

単元の流れ（全８時間）

第１次　①既習事項を確かめた上で，「プラスチックごみ」に対する問題意識を共有する。「永遠のごみ」という言葉から内容を予想し，本文を読む。本単元の学習の見通しをもつ❶

第２次　②文章構造（序論／本論／結論・双括型）を確認する❷

③本論の内容を確認する❸❹

④筆者の主張を確認し，要旨をまとめる❺❻

⑤資料①と本文を関連付けながら読む❼

⑥資料②と本文を関連付けながら読む

第３次　⑦本文や資料，筆者の主張に対する考えをまとめる❽

⑧書き上げたものを読み合い，共有する

❶特に驚いたこと、初めて知ったことは？　（第1時）

この説明文を読んで、初めて知ったことや、驚いたことは何でしたか？

世界中の海がごみでこんなにも汚れていることを知って驚きました。

「マイクロプラスチック」というものを初めて知りました。

指導内容　内容理解

文章を読んで、初めて知ったことや驚いたことを交流することで、本文の内容理解を促すことが目的です。身近にあるごみ問題について、ある程度知ってはいたけれど、これほど深刻な問題だったということを、子どもたちは実感していると思います。そうした実感を、叙述に基づきながら話し合えるように、場を整えていくことが大切です。

❷何型の文章ですか？　（第2時）

この文章は、「頭括型」「尾括型」「双括型」のどれに当てはまると思いますか？

初めの方にも、終わりの方にも筆者の考えが出ているので、双括型かな？

終わりの方に強い主張が書かれている双括型の説明文だと思います。

指導内容　双括型の文章構成

双括型の文章であることを確認し、本文を「序論・本論・結論」に分けて整理するための発問です。子どもたちは、これまで学習してきた文章構成を振り返りながら考えることができるでしょう。第3段落と第20段落に筆者の主張が出ていますが、結論部の主張の方が、倒置法を用いて強く述べられていることを確認しておくとよいでしょう。

❸どんな色分けかな？　（第3時）

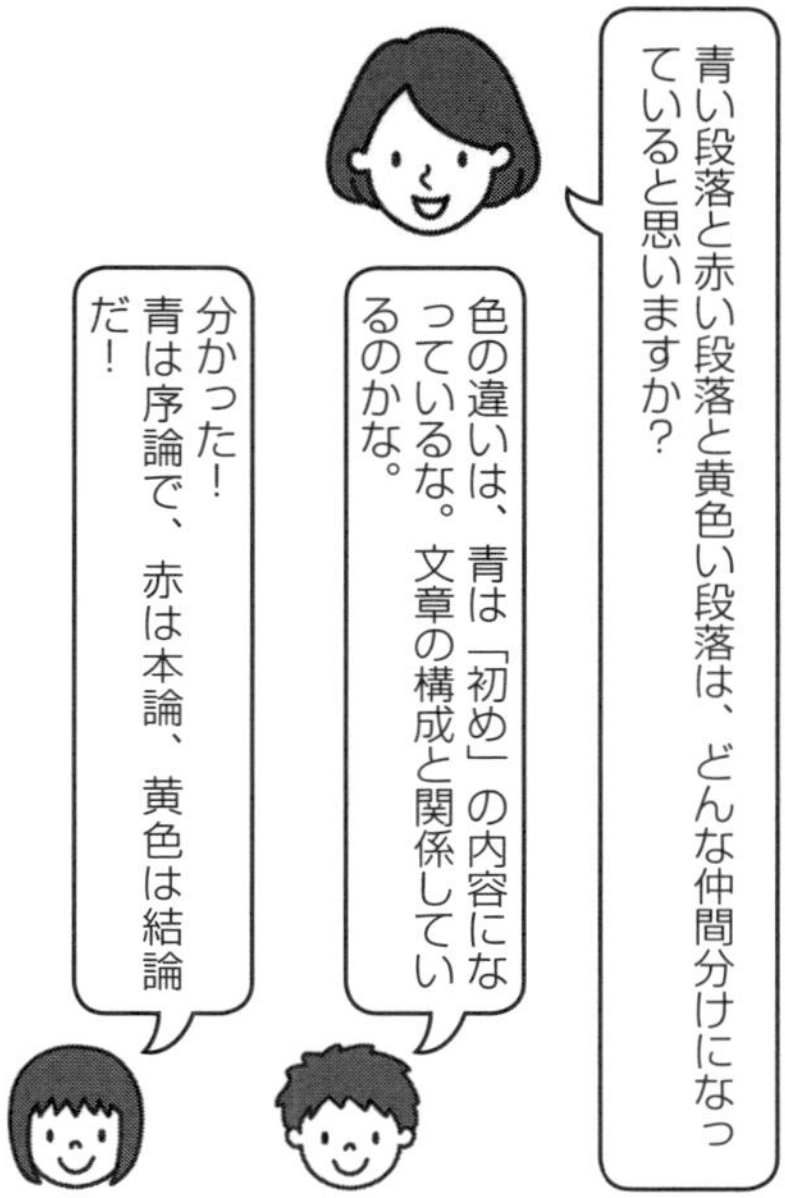

青い段落と赤い段落と黄色い段落は、どんな仲間分けになっているると思いますか？
色の違いは、青は「初め」の内容になっているな。文章の構成と関係しているのかな。
分かった！
青は序論で、赤は本論、黄色は結論だ！

指導内容　「序論・本論・結論」の文章構成

本文がどのような構成になっているのかを捉えるための活動です。視覚的に捉えられるように色分けすることで、どの子も分かりやすく理解できるようにするのがねらいです。第1～3段落を青色、第4～19段落を赤色、第20段落を黄色で用意しておきます。また、本論が三つに分かれるため、色の濃さで本論①と②と③を分けておくとよいでしょう。

❹一番大事な文（段落・資料）は？　（第3時）

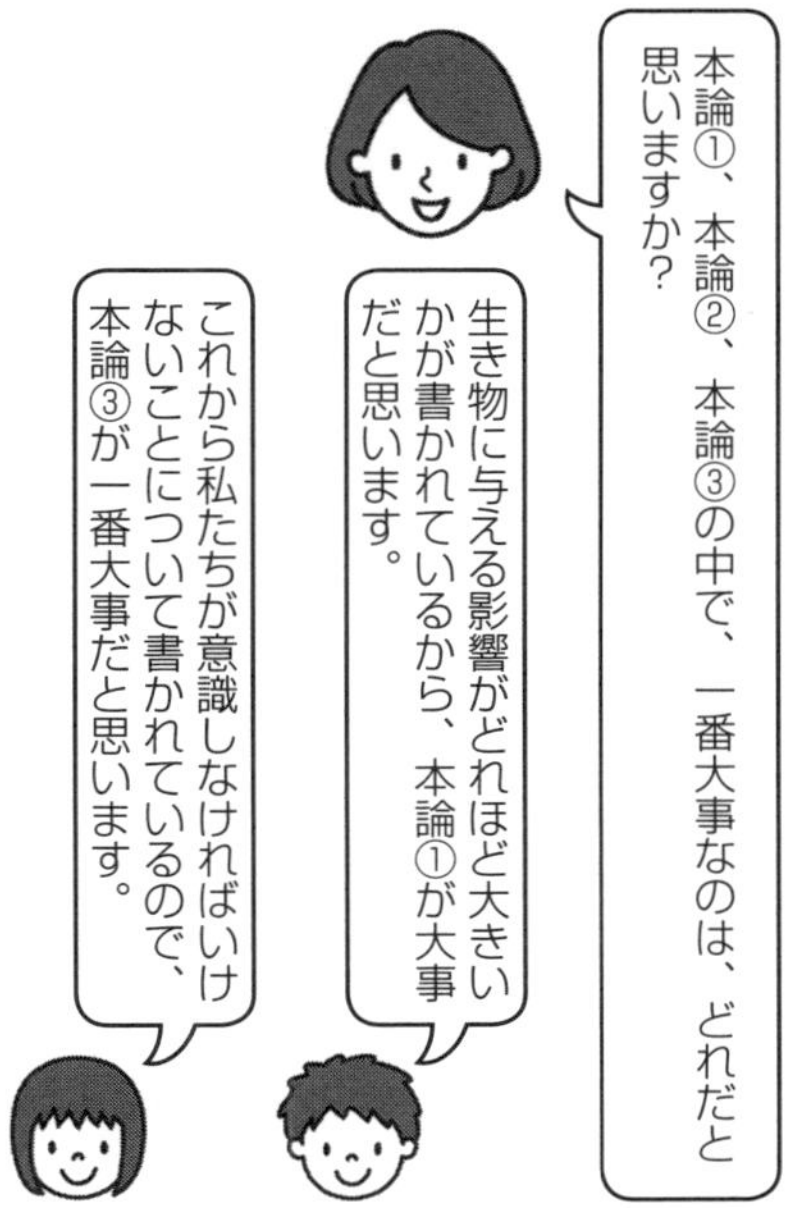

本論①、本論②、本論③の中で、一番大事なのは、どれだと思いますか？
生き物に与える影響がどれほど大きいかが書かれているから、本論①が大事だと思います。
これから私たちが意識しなければいけないことについて書かれているので、本論③が一番大事だと思います。

指導内容　内容理解

最も大切なものがどれかを問うことで、ずれを引き出し、思考の活性を促す発問です。もちろん、どれも大切ですが、あえて一つに選ぶように促すことで、さらに一歩踏み込んで本論の内容を捉えることができるでしょう。ここでは、一つの解に導くことが目的ではなく、こうした発問を通して内容理解を深められるようにすることが目的です。

❺事実や具体例がなかったとしたら？　（第4時）

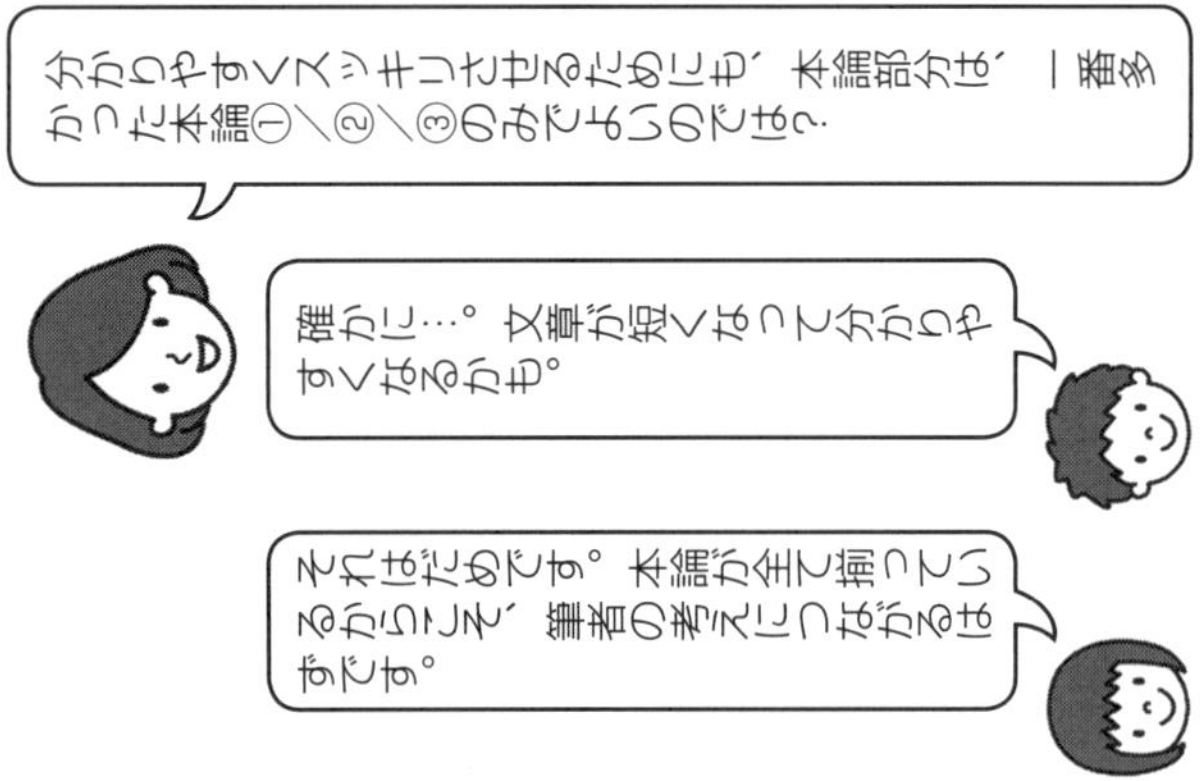
分かりやすくスッキリさせるためにも、本論部分は、一番多かった本論①／②／③のみでよいのでは？
確かに…。文章が短くなって分かりやすくなるかも。
それはだめです。本論が全て揃っているからこそ、筆者の考えにつながるはずです。

指導内容　**説明の方法**

❹の発問の後に投げかけることで、思考の深まりを促す発問です。本論①②③に優劣はありませんが、あえて一番多かった意見に便乗して問いかけることで、筆者が、なぜ本論をこの三つに分けて述べているかを考えるようにすることができます。最終的には筆者の考えに寄り添い、どうしてこのような書き方をしたのかを考えられるようにします。

❻作者・筆者のねらい（気持ち）は？　（第4時）

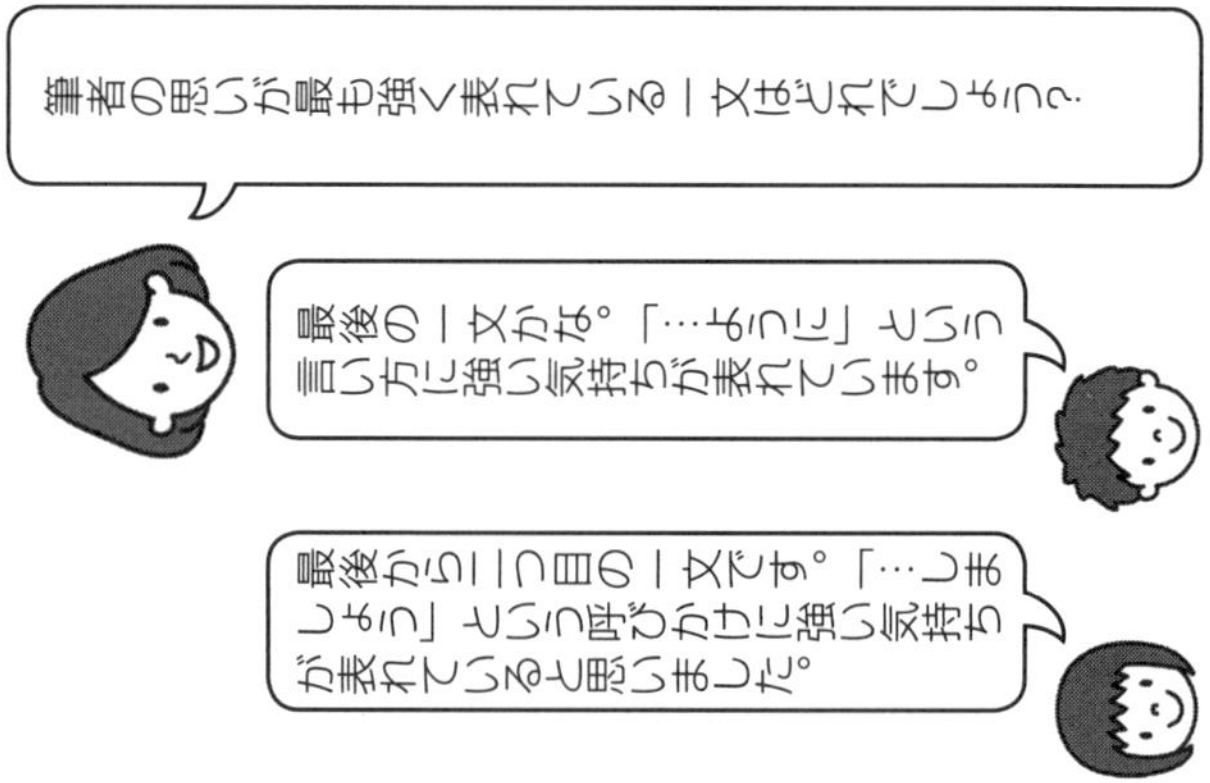
筆者の思いが最も強く表れている一文はどれでしょう？
最後の一文かな。「…ように」という言い方に強い気持ちが表れています。
最後から二つ目の一文です。「…しましょう」という呼びかけに強い気持ちが表れていると思いました。

指導内容　**筆者の意図**

筆者の主張の中でも、さらに伝えたいことが何かを考え、要旨につながる要素を拾い出せるようにする発問です。文末表現や、倒置法による文章表現に着目して考えを述べる子もいるでしょう。キーワードとなる言葉を探しながら考える子もいるでしょう。そうした着眼点を価値付けて、子どもたちに広げることで、一般化することができます。

❼特にどの文にかかっていますか?　（第5時）

資料①は、本論①から③のうち、どの部分と深く関わっているでしょうか?

プラスチックが分解されないことについて述べられている本論②に深く関わっていると思います。

ごみ問題にどう対応していくかが書かれている本論③と関わっていると思います。

指導内容　叙述と資料の関連付け

補助資料が、本文の中でも特にどの部分と大きく関わっているかを考えることで、情報と情報を関連付けながら読むことを促す発問です。こうした活動を行うことで、本文や補助資料に書かれている内容をより細かく読み直すことができます。また、どうしてそう考えたのか、理由を交流する中で、さらに本論部を読み深めることができるでしょう。

❽どちらでしょうか?　（第7時）

教科書に載せる補助資料を①か②のどちらかだけにするとしたら、どちらがよいでしょう?

資料①がよいと思います。生分解性プラスチックの話は、本文と深く関わっているからです。

資料②かな。ごみを減らすための具体的な取り組みについて書かれているからです。

指導内容　資料の役割・価値

二つの資料の必要性や、本文との関連性について考えることが目的の発問です。もしも…と仮定し、資料を一つに絞るように促すことで、資料の内容を批評しながら読み、書かれていることを捉え直すことができるでしょう。ここでは、筆者がどのような流れで、どんな考えを述べていたのかを確認することが重要です。

6年・説明文

「宇宙への思い」（東書）

【主な指導内容】 教材内容（◎）／教科内容（◆既出　◇新出）

◎宇宙に関する知識や情報（宇宙から見た地球・宇宙と食品・宇宙と生命の起源）
◇同じテーマの複数教材を読むことのよさ（情報の関係付け）
◇批判的な読みの方法（受容・共感・納得・反論）

重点をおく指導内容①　比べて読むよさ

本教材では，「宇宙への思い」というメインテーマのもとで，三つの文章が掲載されている。それぞれの文章で書かれていることを理解することも大切だが，同じテーマで書かれた三つの文章を比較しながら読んだり，関係付けながら読んだりすることで，多角的に考える力を養うことができる。それと同時に，同じテーマを扱った複数教材を読むことのよさを実感できるように指導していきたい。

重点をおく指導内容②　批判的な読みの方法

３人の筆者が，「宇宙」をキーワードとして興味深い内容をまとめている。読者である子どもからしてみれば，どの文章も新鮮で，関心をもつことのできる内容であるだろう。だからこそ，書かれている内容や筆者の考えに反応しながら読むように促していきたい。本文を読む中で新たに知ったことや感じたこと，考えたことや疑問に思ったことなどを表出させ，交流できる場を提供できるように心がけたい。

重点をおく指導内容③　探究テーマの設定

宇宙に関して興味深い内容が書かれた三者三様の文章を読んだ後で，自分がさらに調べてみたいと思うテーマを設定し，探究できるような場を設定したい。疑問に思ったことや，興味をもった箇所について，自分がさらに詳しく調べてみたいと思うことをテーマとして掲げ，追究する時間を設定する。自ら問題を設定し，解決するというプロセスを用意することで，学習の幅を広げられるようにしたい。

単元を通して取り組む言語活動

―「宇宙」に関するテーマを設定し，探究しよう―

「宇宙」に関するもので，自分がさらに探究してみたいと思うテーマを設定し，本やインターネットなどを使って調べる活動である。

三つの文章を読み，それぞれどのようなことが述べられているか，三つの文章に共通する筆者の思いや考えは何かなどを確認した上で，「宇宙」に関して自分がさらに詳しく掘り下げてみたいと思うテーマを設定し，調べようと呼びかける。調べた内容については，自主学習などの家庭学習と連動させながらまとめさせるとよい。

「宇宙」という一つのテーマに関して，いろいろな情報と関係付けながら調べる活動を行うことで，読み取った文章や筆者の考えとの接点を紡ぎ出し，多角的な視野で考えることの面白さを味わえるようにする。また，調べて分かったことを友達と共有し，考えを広げたり深めたりする体験ができる場を設定するのもよいだろう。

単元の流れ（全6時間）

第１次　①既習事項を確かめた上で，「宇宙」に関する知っていることを共有する
「宇宙への思い」というテーマと筆者３人のプロフィール・題名を紹介し，どのような内容が書かれているか予想する
本単元の学習の見通しをもつ

第２次　②「宇宙からのながめが教えてくれること」を読み，内容を確認する❶❷
③「食品からつながる宇宙」を読み，内容を確認する❸❹
④「宇宙に生命の起源を求めて」を読み，内容を確認する❺❻
⑤三つの文章を比較しながら読む❼❽

第３次　⑥「宇宙」に関するテーマを設定し，調べる活動を行う

❶特に驚いたこと、初めて知ったことは？ （第2時）

「宇宙からのながめが教えてくれること」を読んで、驚いたことや初めて知ったこと、すごいと感じたことは何ですか？

国際宇宙ステーションの太陽電池パネルがサッカー場ほどの大きさなことに驚いた。

油井さんが、小学生のときに考えていたことを着実に叶えているのがすごいと思いました。

指導内容 **内容理解**

文章を読んで率直に感じたことを表現し、伝え合うことで、文章内容の理解を促す発問です。宇宙飛行士である油井さんの言葉や体験談、解説にふれる中で、読者として驚いたことや初めて知ったこと、すごいと思ったことはそれぞれにあるはずです。そうした感じ方を友達と伝え合う中で、本文の内容を把握し、確認できるようにすることがねらいです。

❷一番大事な文（段落・資料）は？ （第2時）

この説明文の中で一番大事な段落はどれだと思いますか？

「問題に気づいてその解決策を考え、協力して…」と書いてある最後から二つ目の段落だと思いました。

私は、最後の段落だと思いました。「信じています」という言葉から、筆者の思いを感じたからです。

指導内容 **筆者の考えや意図**

一番大事な段落がどれかを考えることで筆者の思いを汲み取れるようにするというのが、この発問のねらいです。多くの子どもが最終段落かその前の段落であると答えるでしょう。大切なのは、理由を伝え合う中で、筆者は何を伝えようとしていたかということです。書かれていることをもとに、一歩踏み込んで考えられるようにしましょう。

❸特に驚いたこと、初めて知ったことは?　（第3時）

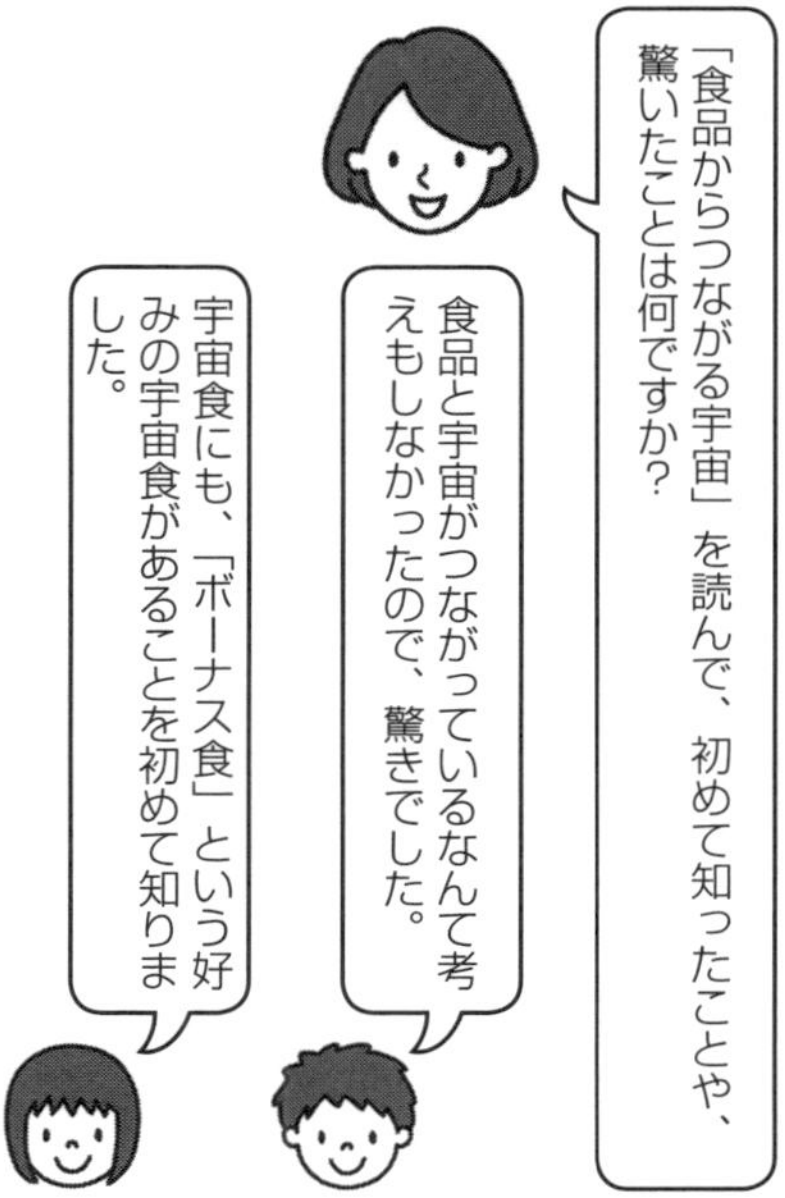
「食品からつながる宇宙」を読んで、初めて知ったことや、驚いたことは何ですか?
食品と宇宙がつながっているなんて考えもしなかったので、驚きでした。
宇宙食にも、「ボーナス食」という好みの宇宙食があることを初めて知りました。

指導内容　内容理解

本文を読んで感じたことや疑問に思ったことを伝え合うための場を整える発問です。きっと、子どもたちは、「食品」と「宇宙」がつながっているということに驚きや意外性を感じるはずです。そうした意外性に着目して話し合ったり、初めて知ったことを交流したりする中で、書かれている内容を理解できるようにしましょう。

❹作者・筆者のねらい（気持ち）は?　（第3時）

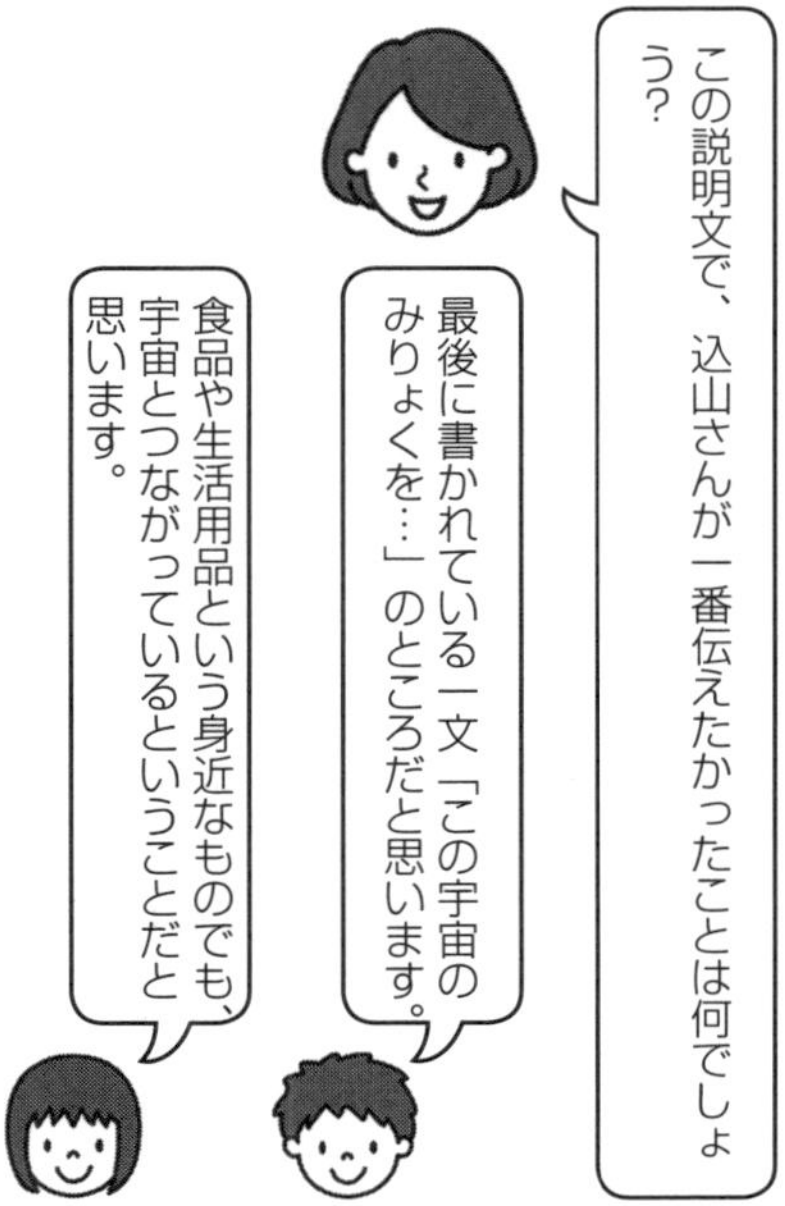
この説明文で、込山さんが一番伝えたかったことは何でしょう?
最後に書かれている一文「この宇宙のみりょくを…」のところだと思います。
食品や生活用品という身近なものでも、宇宙とつながっているということだと思います。

指導内容　筆者の考えや意図

筆者である込山さんが伝えたかったことが何かを探ることで、書き手の考えや意図を捉えられるようにする問いかけです。食品という身近にあるものと広大な宇宙とのつながりを通して筆者が伝えようとしていることが何なのかを探りながら、要旨を自分なりに捉え、解釈できるように交流の場を整えられるようにしましょう。

❺特に驚いたこと、初めて知ったことは？（第4時）

「宇宙に生命の起源を求めて」を読んで、驚いたことや初めて知ったこと、印象に残ったことは？

リュウグウのような小惑星が大量に地球に降り注いだことで、地球に「生命のもと」が生まれたことに驚きました。

リュウグウなどの小惑星を調査することで、生命の謎を解き明かすことができるというところが印象に残りました。

指導内容　**内容理解**

驚いたことや初めて知ったこと、印象に残ったことを交流することで、内容理解を促す発問です。「はやぶさ」や「リュウグウ」は、宇宙に興味がある子であれば知っているかもしれませんが、多くの子にとって初めて聞く言葉でしょう。まずは内容に関心をもち、把握できるようにするためにも、感じたことや印象を伝え合う場を大切にしましょう。

❻特に難しいと感じる段落は？（第4時）

この説明文の中で、特に難しく、理解しにくいと感じたところはどこですか？

小惑星と微惑星と惑星の違いがよく分かりませんでした。

水や有機物や遺伝子という言葉がどうつながっているかが、正直よく分かりませんでした。

指導内容　**内容理解**

先に読んだ二つの説明文と比べて、理解しづらい箇所がいくつかあるでしょう。そうした分かりづらいところを出し合い、確認していくための発問です。特に、微惑星と小惑星、惑星の違いや専門的な知識については、補助的な説明が必要になると思います。黒板を使って図示するなどして、イメージを膨らませられるようにするのも方法の一つです。

❼特にいいな（なるほどな）と思った文は？（第5時）

三つの説明文の中で、特にいいなと思ったものはどれですか？

油井さんが書いた文章です。宇宙飛行士としての体験をもとに語っているので。

食品と宇宙がつながっているというところが面白いと感じたので、込山さんの文章です。

指導内容　**内容理解**

宇宙に関して書かれた説明文三つを読み比べて、特にいいなと思ったものがどれかを選び、選んだ理由を述べ合うことで、共通点や相違点を捉えながら読めるようにする発問です。どんなところがいいと思ったのか、どうしていいと思ったのかを伝え合うことで、それぞれが、自分の感じ方とつなげながら読めるようにすることが大切です。

❽説明を加えたとしたら？（第5時）

冒頭部分の問いかけに対応するような答えを加えるとしたら、どんな文章を加えますか？

まとめの文章だから、書き出しは、「このように、宇宙に関わる人は…」がいいかな。

「どんなことに取り組んで、何を…」って書いてあるから、それと対応する形で書こう。

指導内容　**説明の方法や工夫**

本単元は、冒頭部分に全体にかかる問いの文がありますが、末尾にはそれと対応するようなまとめの文章がありません。だからこそ、三つの説明文を読んで感じたことを書き起こし、まとめの文章として書き手の目線から捉え直し、まとめの文章を設定するとよいでしょう。こうした活動を行うことで、本単元における学習を総括することができるはずです。

6年・説明文

「『考える』とは」（光村）

【主な指導内容】 教材内容（◎）／教科内容（◆既出　◇新出）

◇比べて読むよさ（論の展開や表現の特徴の共通点や相違点）
◆筆者の主張の捉え方（自分の体験や知識を重ねて読む）
◆批判的な読みの方法

重点をおく指導内容①　比べて読むよさ

本単元では主教材として三つの文章が提示されている。同一のテーマを扱っているが，筆者によって，文章にはそれぞれ特徴が見られる。また，テーマに対する主張もそれぞれである。文章の構成や表現の方法，読み手を説得するための説明方法の工夫などについて，三つの文章を比較しながら読むことで，その共通点や相違点に着目できるようにしたい。

重点をおく指導内容②　筆者の主張の捉え方（自分の体験や知識を重ねて読む）

自分の体験や既習の内容と結び付けて自分の考えを形成することは，中学年においても取り組んでいることである。ただ，高学年においては，筆者の主張を捉えた上で，自身の経験や知識と重ねて自分なりの意見や考えを形成できるように促したい。まずは書かれていることを的確に読み取ることを行い，その上で自らの知識や経験も生かしながら，筆者の主張を捉えていくことを大切にしたい。

重点をおく指導内容③　批判的な読みの方法

文章に対して「分かりやすい／分かりにくい」や「納得できる／納得できない」と評価しながら読むこと，そして自分なりの考え（文章に対する評価）を，他者と交流する中で広げたり深めたりしていくことを大切にしたい。自己の読みを深めながらも，教室で仲間と共に読み合うこと，学び合うことの価値を見出すことができるような時間をつくっていきたい。

単元を通して取り組む言語活動

—スケーリングを使って話し合おう—

文章に対する納得度を１～５段階に示し，「どこに目をつけたのか」「どうしたら，納得できる文章になるのか」など，スケーリングをもとに，友達と納得度の理由や根拠を話し合う活動である。

筆者の主張に対しては，必ずしも「納得できる／納得できない」どちらかで表すことができるわけではない。「どちらかといえば…」と，その間で揺れ動く読みも存在するだろう。そうした，言葉ではっきりと表すことができない筆者の主張に対する考えを，スケーリングという方法を用いることで表現できるようにしたい。

各文章に対する自分の納得度を共有していく過程で，同じ納得度だったとしても，文章のどこに対する評価なのかはそれぞれ異なることへの気付きを促したい。

単元の流れ（全６時間）

第１次　①筆者の主張を捉えながら読む❶❷
②筆者がそれぞれ「考える」ことをどのように捉えているのか考える❸

第２次　③④読みの観点を決めて，文章を解釈する❹❺❻
⑤文章に対する自分の納得度をスケーリングで表す❼

第３次　⑥グループで考えを伝え合う❽

❶一番いいな（すごいな）と思った事例は？（第1時）

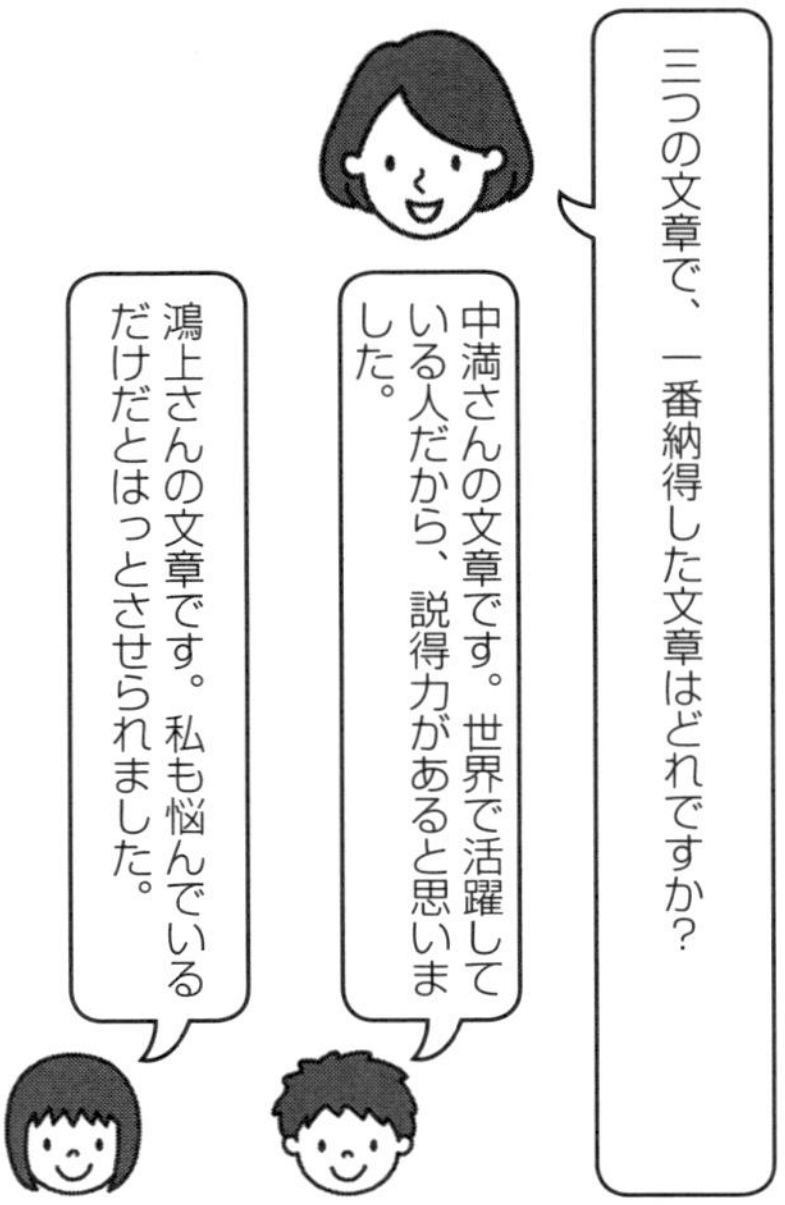

三つの文章で、一番納得した文章はどれですか？
中満さんの文章です。世界で活躍している人だから、説得力があると思いました。
鴻上さんの文章です。私も悩んでいるだけだとはっとさせられました。

指導内容　批判的な読みの方法

批判的に文章を読むことを促すための発問です。批判的に読むということは、反論することだけではありません。文章の何に納得し、どこに疑問をもつのかなど、解釈・評価をしていく読みのことです。軽々しく批判するのではなく、まずはきちんと筆者の考えを捉える姿勢が大切であることも指導します。

❷一番大事な文（段落・資料）は？（第1時）

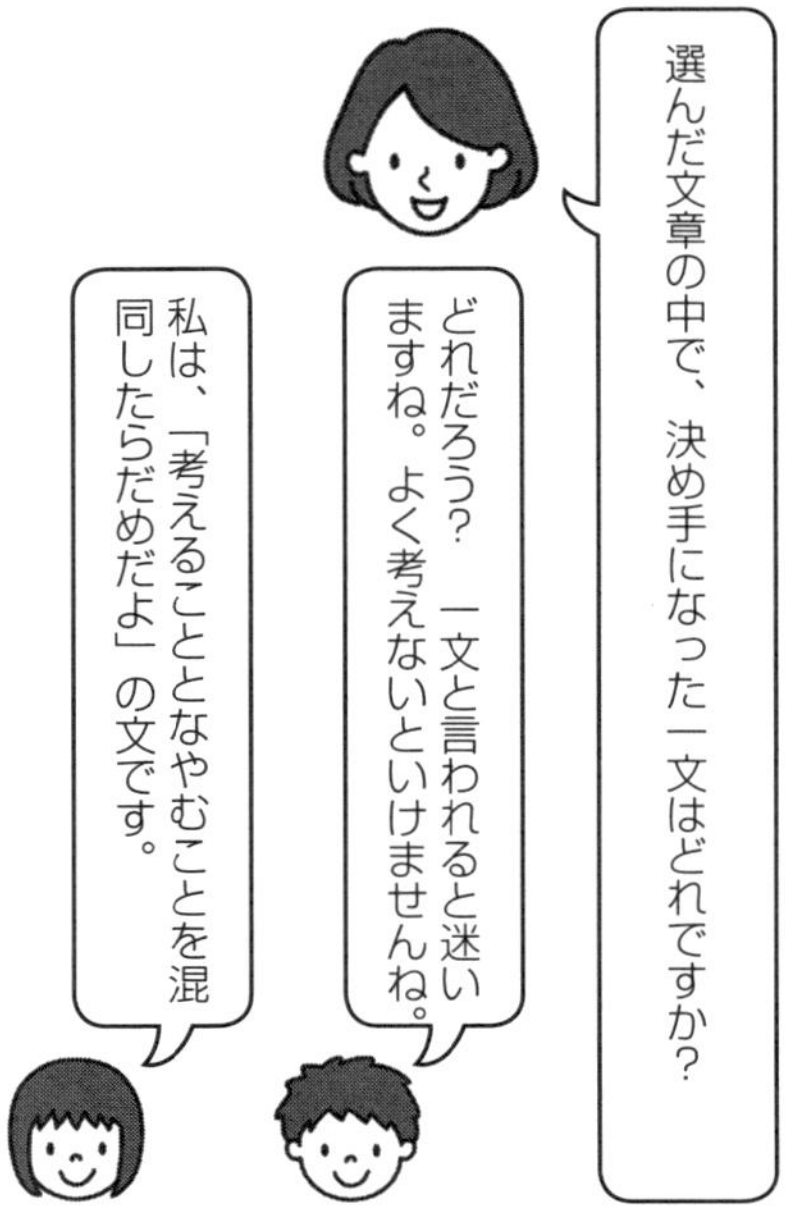

選んだ文章の中で、決め手になった一文はどれですか？
どれだろう？　一文と言われると迷いますね。よく考えないといけませんね。
私は、「考えることとなやむことを混同したらだめだよ」の文です。

指導内容　内容理解（筆者の考え）

❶の発問を経て、さらに詳細に読むことを促す発問です。読者として、納得させられた一文を選び、なぜその一文に納得させられたのか、その一文には納得を促すための表現の工夫があるのか等について、検討します。話題も簡単ではないため、❶❷ともに、協働的な活動として取り組むことができるようにするのもよいかもしれません。

❸何型の文章ですか？

（第2時）

選んだ文章は、「頭括型」「尾括型」「双括型」のどの型で書かれていますか？

結論が「初め・中・終わり」のどこに書かれているかを探して読むといいと思います。

石黒さんの文章では、「終わり」の部分に結論が述べられていると思います。それは…。

指導内容　**文章構成の型・筆者の考え**

自分が納得できると選んだ文章の文章構成に目を向けることを促すための発問です。文章構成を考える中で、筆者の考えの中心を捉えることができます。6年生最後の説明文教材ということもあり、一つ一つ全体で確認しながら行うのではなく、各々で読む時間を十分に確保し、考えが形成されたところで交流するような授業展開にしていきます。

❹特に説明が上手だと思う文は？

（第3時）

選んだ文章で、特に上手だなと思う段落はどこですか？

鴻上さんの第1段落です。特に初めの一文は引き付けられました。

中満さんの第4段落です。マイナスな内容の後に、プラスなことが書かれていて希望がもてます。

指導内容　**表現の方法と効果**

筆者の説明方法と、その効果に着眼しながら読むことを促す発問です。説明文の内容面だけでなく、論の展開や説明方法など形式面からも読み深めていくことをねらいます。また、子どもの実態に合わせて、「特に難しいと感じる段落は？」と、内容に関する難しさを取り上げて、その部分について、全員で整理していくという授業展開も考えられます。

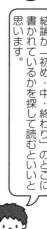

❺説明が似ているところは？　（第４時）

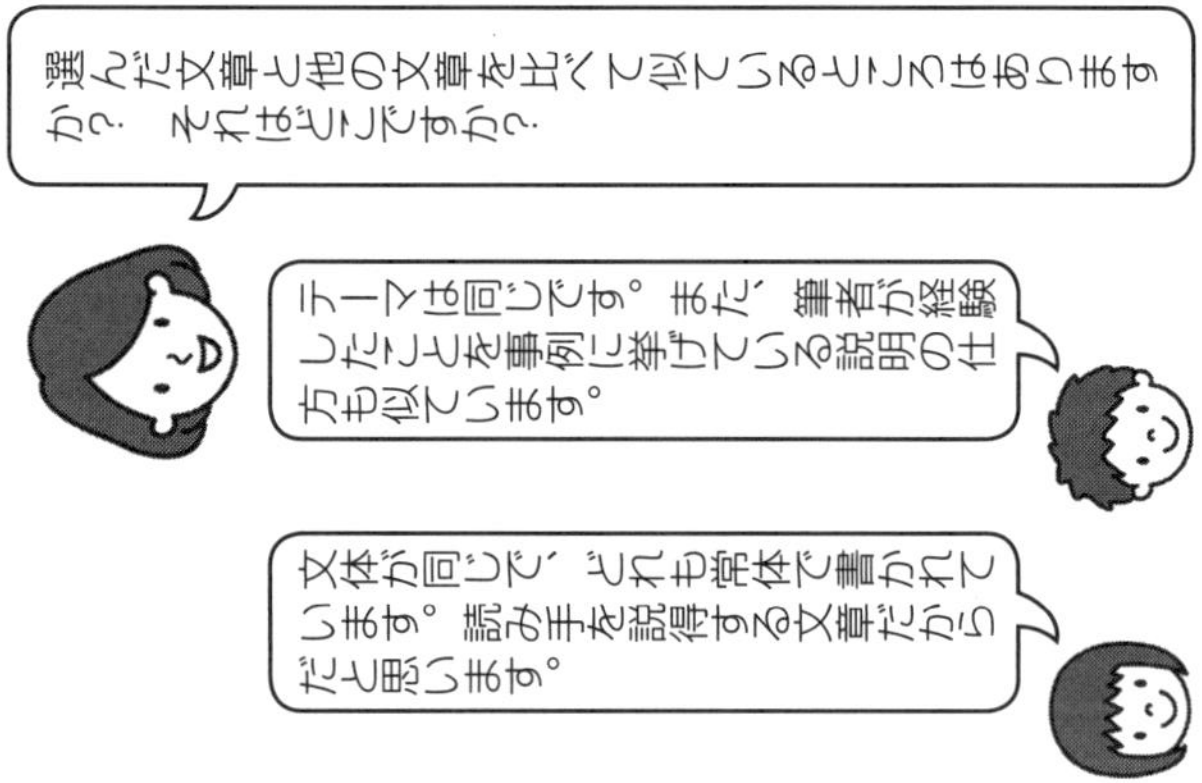
選んだ文章と他の文章を比べて似ているところはありますか？　それはどこですか？
テーマは同じです。また、筆者が経験したことを事例に挙げている説明の仕方も似ています。
文体が同じで、どれも常体で書かれています。読み手を説得する文章だからだと思います。

指導内容　比べて読むよさ

プレ教材と主教材という関係ではなく、複数の文章を並列的に扱っていることが、本単元の特性です。文章を一つずつ読んでいくのではなく、三つの文章を比べながら読むことができるような活動を行いたいところです。まずは「似ているところ」を問い、子どもたちから出された観点から、比較して読むことができるようにします。

❻特にいいな（なるほどな）と思った文は？　（第４時）

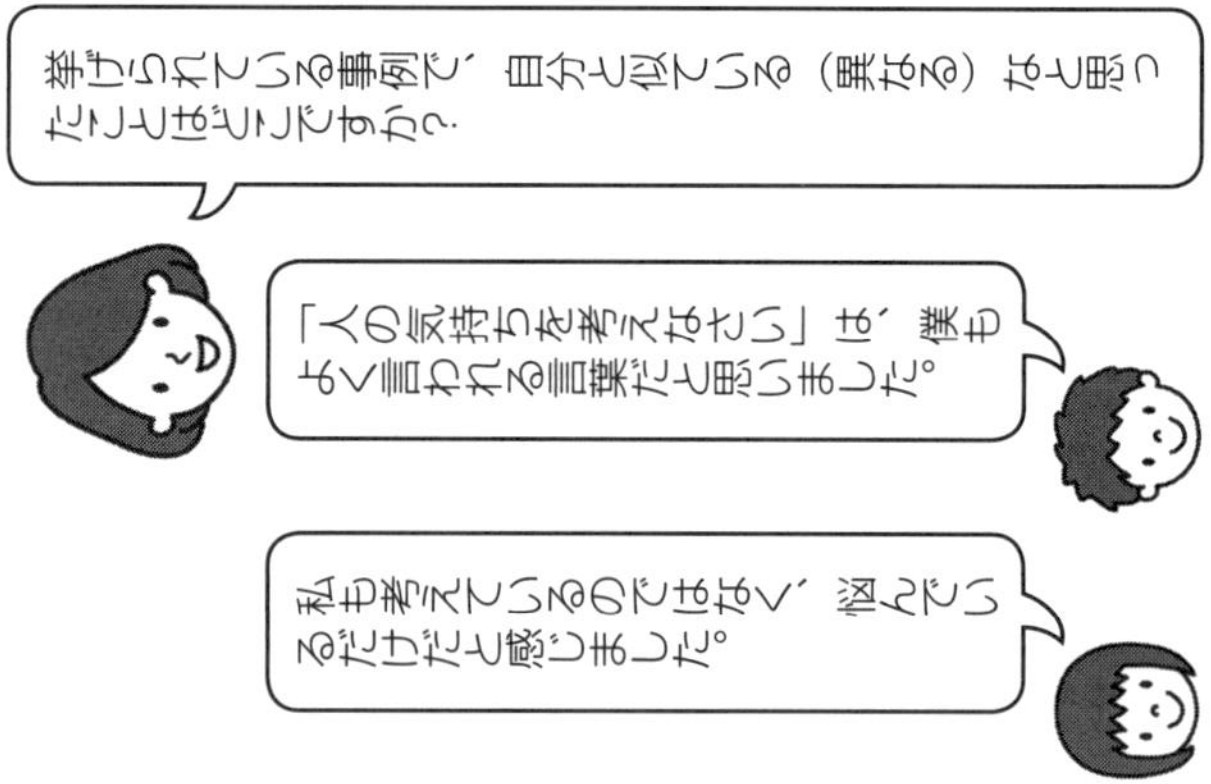
挙げられている事例で、自分と似ている（異なる）など思ったことはどこですか？
「人の気持ちを考えなさい」は、僕もよく言われる言葉だと思いました。
私も考えているのではなく、悩んでいるだけだと感じました。

指導内容　内容理解（自分と重ねて読む）

自分の知識や経験と重ねて読むことを促す発問です。筆者の説明の内容や表現方法を客観的に読むことだけでなく、自分に引き寄せながら読む経験も大切です。筆者が取り上げている事例に似た経験はないかと考えながら読む中で、書かれていることが実は自分たちの生活とも関わってくることに気付かされることも少なくありません。

❼5段階で表すとしたら?　（第5時）

三つの文章の納得度を5段階で表してみましょう。

鴻上さんの文章は5です。自分のことを言われているように感じました。

中満さんの文章は2です。すごいとは思いますが、世界の話は自分とかけ離れています。

指導内容　批判的な読みの方法

スケーリングで各自の納得度を数値化して交流する活動です。納得度を「1」から「5」の数値で表し、その上で、「なぜそうしたのか?」「どの表現に着目したのか?」を話し合います。数値化することで、互いの考えが分かりやすくなります。各文章の納得度の平均値を出し、そのような数値になっている要因を考えるのもよいかもしれません。

❽5段階で表すとしたら?　（第6時）

文章に対する納得度を友達と比べて、大きく違う文章はありますか?

僕が納得度を5とした文章を、隣の友達は、2としていました。理由を聞きたいです。

納得度は4で同じでしたが、文章で着目したところが違いました。

指導内容　批判的な読みの方法

文章に対する解釈や評価、感じ方の違いやずれについて考えることを促す発問です。同じ文章を読んでも、一人一人が着目する部分が違っていたり、感じ方が異なったりすることについて、実感的に理解することができます。その違いやずれをもとにしながら、自分なりに再度文章に向かう時間も確保したいところです。

【執筆者紹介】（＊は執筆箇所）

高橋　達哉　東京学芸大学附属世田谷小学校

＊第１章
第２章「みきのたからもの」「銀色の裏地」
第３章「ロボット」「文様」

三浦　　剛　東京学芸大学附属世田谷小学校（編集協力）

＊第２章「ぼくのブック・ウーマン」
第３章「風船でうちゅうへ」「『永遠のごみ』プラスチック」「宇宙への思い」

山田　秀人　昭和学院小学校

＊第２章「春風をたどって」「さなぎたちの教室」「模型のまち」
第３章「『考える』とは」

清水　一寛　山梨大学教育学部附属小学校

＊第２章「おにぎり石の伝説」
第３章「紙コップ花火の作り方」「カミツキガメは悪者か」

細野　貴寛　山梨大学教育学部附属小学校

＊第２章「友情のかべ新聞」「スワンレイクのほとりで」
第３章「せっちゃくざいの今と昔」

村田　祐樹　山梨大学教育学部附属小学校

＊第３章「つぼみ」「未来につなぐ工芸品」「インターネットは冒険だ」

【編著者紹介】

髙橋　達哉（たかはし　たつや）

東京学芸大学附属世田谷小学校教諭。

山梨県公立小学校教諭，山梨大学教育学部附属小学校教諭を経て，現職。日本授業 UD 学会常任理事，新しい国語実践研究会副会長，全国国語授業研究会常任理事，山梨・国語教育探究の会代表。著書に『「読むこと」の授業が10倍面白くなる！国語教師のための読解ツール10＆24の指導アイデア』『国語授業が変わる！発問大事典』（明治図書出版），『「一瞬」で読みが深まる「もしも発問」の国語授業』（東洋館出版社）があるほか，『「Which 型課題」の国語授業』（東洋館出版社），『「判断」をうながす文学の授業　気持ちを直接問わない授業展開』（三省堂）などの分担執筆，『教育科学国語教育』『実践国語研究』『授業力＆学級経営力』（ともに明治図書出版）などへの論考掲載多数。

国語授業が変わる！新教材の発問大事典

2024年９月初版第１刷刊　©編著者　髙　橋　達　哉
発行者　藤　原　光　政
発行所　明治図書出版株式会社
http://www.meijitosho.co.jp
（企画）木山麻衣子（校正）丹治梨奈
〒114-0023　東京都北区滝野川7-46-1
振替00160-5-151318　電話03（5907）6702
ご注文窓口　電話03（5907）6668

＊検印省略　組版所　日本ハイコム株式会社

Printed in Japan　ISBN978-4-18-441025-1

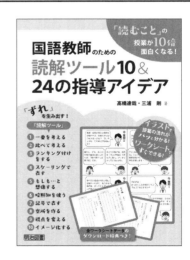